财务数字化转型——
大型企业财务共享服务中心运营实践

任振清　王思明　雷雨露　著

清华大学出版社
北京

内 容 简 介

财务共享服务中心是一种创新的财务组织模式，需要建立完善的运营管理体系，确保业务的规范执行，保持组织的健康活力。本书作者结合自身多年实践经验，通过大量案例与读者分享实战项目的客户解决方案和收益，对财务共享服务中心运营的主要框架、应用现状、发展趋势和实践案例进行总结、提炼，帮助更多企业在数字化转型背景下做好财务转型及财务共享服务中心运营。

本书可供大型企业的管理人员和财务人员参考，也可作为高校或专业培训机构的教材。

本书封面贴有清华大学出版社防伪标签，无标签者不得销售。

版权所有，侵权必究。举报：010-62782989，beiqinquan@tup.tsinghua.edu.cn。

图书在版编目(CIP)数据

财务数字化转型：大型企业财务共享服务中心运营实践 / 任振清，王思明，雷雨露著. —北京：清华大学出版社，2022.6
　ISBN 978-7-302-60682-6

　Ⅰ.①财… Ⅱ.①任… ②王… ③雷… Ⅲ.①信息技术－应用－企业管理－财务管理 Ⅳ.① F275-39

中国版本图书馆 CIP 数据核字 (2022) 第 069387 号

责任编辑：陈　莉
封面设计：周晓亮
版式设计：方加青
责任校对：马遥遥
责任印制：刘海龙

出版发行：清华大学出版社
　　　　网　　址：http://www.tup.com.cn，http://www.wqbook.com
　　　　地　　址：北京清华大学学研大厦 A 座　　邮　　编：100084
　　　　社 总 机：010-83470000　　邮　　购：010-62786544
　　　　投稿与读者服务：010-62776969，c-service@tup.tsinghua.edu.cn
　　　　质 量 反 馈：010-62772015，zhiliang@tup.tsinghua.edu.cn

印 装 者：三河市东方印刷有限公司
经　　销：全国新华书店
开　　本：170mm×240mm　　印　张：14.25　　字　数：197 千字
版　　次：2022 年 7 月第 1 版　　印　次：2022 年 7 月第 1 次印刷
定　　价：59.80 元

产品编号：095994-01

前言

随着世界经济全球化的日益发展,大型企业之间的竞争也日益激烈。企业之间的兼并、合并及企业内部的整合等变化日趋增多,全球经济的一体化、企业发展的规模化已经是一种不可逆转的发展方向。在这样的背景下,各大型企业都希望运用更为先进和有效的管理思想和技术手段来增强企业自身的竞争力,因此,财务共享服务中心作为财务转型、增强企业核心竞争力的重要举措被广泛使用。

目前,国内的大型企业对财务共享服务中心的应用已比较普遍。经过多年的发展,已经形成了比较成熟的财务共享服务中心运营体系,也收到了很好的运营成效,可以为同行业或者其他行业财务共享服务中心的建立和运营提供借鉴。财务共享服务中心是一种创新的财务组织模式,需要建立完善的运营管理体系,确保业务的规范执行,保持组织的健康活力。目前大多数企业的财务共享服务中心的运营管理活动相对简单,如果不能建立完善的运营管理体系,针对不同建设阶段选择不同关注重点维度,持续评价并改进业务流程,财务共享服务中心的发展将受到重大影响。

本书适合的读者对象为企业高管、咨询公司顾问、高校或专业培训机构学员、教研人员,以及想学习财务共享服务中心常识和技能的自学者。

本书具有以下三个特点:一是新,本书根据国内财务共享服务中心最新的应用案例阐述了共享中心运营现状;二是全,本书涵盖了财务共享服务中心运营不同阶段的全部内容;三是直,本书通过理论结合实际直接阐述结果,具有很强的指导性。

本书第1、2、3、5、6、7章节和附录的案例研究由任振清编写,第4、

9章节由王思明编写，第8、10章节由雷雨露编写。

  为了帮助更多企业在数字化转型背景下做好财务转型及财务共享服务中心运营，我们结合多年的实践经验，把财务共享服务中心运营的主要框架和实践案例总结提炼了一套方法论，并编写本书，希望能够为大型企业财务共享服务中心的建设与运营提供参考。

作者

2022.5

目 录

第 1 章
财务共享服务中心运营框架 / 001

1.1 财务共享服务中心运营的定位 / 002
1.1.1 服务定位 / 002
1.1.2 监督定位 / 003

1.2 财务共享服务中心运营体系的发展阶段与分工 / 003
1.2.1 财务共享服务中心运营体系的发展阶段 / 003
1.2.2 财务共享服务中心运营体系的分工 / 004

1.3 财务共享服务中心运营体系的主要内容 / 005
1.3.1 财务共享服务中心运营体系总览 / 005
1.3.2 运营初创期 / 005
1.3.3 运营成长期 / 007
1.3.4 运营成熟期 / 008

本章小结 / 014

第 2 章
财务共享服务中心服务水平协议 / 015

2.1 服务水平协议的基本框架 / 016

2.2 服务水平协议的重点内容 / 017
2.2.1 目标与前提 / 017
2.2.2 日常运营管理规定 / 017
2.2.3 责任划分 / 017
2.2.4 服务类型及内容 / 018
2.2.5 关键绩效指标 / 019
2.2.6 服务收费 / 020

本章小结 / 030

第 3 章

财务共享服务中心运营分析 / 031

3.1 运营监控指标 / 032
3.1.1 运营监控指标的选取 / 032
3.1.2 运营监控指标的内容 / 033
3.1.3 运营监控指标的设置 / 039

3.2 运营数据管理 / 041
3.2.1 运营数据标准化 / 042
3.2.2 运营数据存储 / 043
3.2.3 运营数据安全 / 044

3.3 运营业务管理 / 048
3.3.1 转变运营思维 / 048
3.3.2 运营流程再造 / 049
3.3.3 优化人员管理 / 050
3.3.4 完善运营制度 / 051

本章小结 / 052

第 4 章

财务共享服务中心运营人员管理 / 053

4.1　人员管理 / 054
4.1.1　人员需求 / 054
4.1.2　人员选聘 / 055
4.1.3　职业发展 / 059

4.2　培训体系 / 062
4.2.1　培训管理体系 / 062
4.2.2　培训课程体系 / 064
4.2.3　培训实施体系 / 065

4.3　绩效考核 / 067
4.3.1　组织绩效 / 067
4.3.2　个人绩效 / 070

本章小结 / 074

第 5 章

财务共享服务中心运营流程管理 / 075

5.1　流程管理 / 076
5.1.1　流程管理的基本概念 / 076
5.1.2　财务共享服务中心流程管理 / 077

5.2　财务共享服务中心流程要素 / 078
5.2.1　流程闭环 / 078
5.2.2　企业战略目标 / 079

5.2.3 流程目标确立 / 079

5.2.4 流程梳理与再造 / 080

5.2.5 流程执行 / 081

5.2.6 流程优化与维护 / 081

5.3 财务共享服务中心典型流程优化 / 082

5.3.1 销售至应收款流程 / 082

5.3.2 采购至应付款流程 / 083

5.3.3 费用报销流程 / 085

5.3.4 资产管理流程 / 086

5.3.5 资金结算流程 / 087

5.4 财务共享服务中心流程管理机制 / 089

5.4.1 流程管理组织 / 089

5.4.2 流程管理工作规范 / 090

本章小结

第 6 章
财务共享服务中心信息系统 / 095

6.1 组织机构设置 / 096

6.2 系统需求管理工作规范 / 096

6.2.1 系统需求的定义与类型 / 096

6.2.2 系统需求的提出 / 097

6.3 新技术创新 / 098

6.3.1 财务机器人 / 098

6.3.2 移动互联 / 104

6.3.3 商旅平台 / 105

6.3.4 云计算 / 106

6.3.5 大数据 / 107

本章小结 / 112

第 7 章
财务共享服务中心客户服务管理体系 / 113

7.1 客户服务管理体系 / 114

7.1.1 客户服务的定义 / 114

7.1.2 客户服务的理念 / 114

7.1.3 客户服务的内涵 / 115

7.2 财务共享服务中心客户服务体系 / 115

7.2.1 客户服务组织 / 116

7.2.2 客户服务工具 / 117

7.2.3 客户服务制度 / 118

7.2.4 客户服务反馈机制 / 119

7.3 客户满意度管理 / 122

7.3.1 转变服务观念 / 122

7.3.2 提升业务能力 / 122

7.3.3 提高信息技术水平 / 123

7.3.4 完善运营体系 / 123

本章小结 / 131

第 8 章
财务共享服务中心战略发展　/　133

8.1　战略管理　/　134

8.1.1　战略分析　/　134

8.1.2　战略选择　/　135

8.1.3　战略实施　/　135

8.1.4　战略评价与调整　/　136

8.1.5　战略管理的特点　/　136

8.2　财务共享服务中心战略定位框架　/　138

8.3　财务共享服务中心组织管理　/　143

8.3.1　财务共享服务中心运营模式　/　143

8.3.2　财务共享服务中心布局　/　144

8.3.3　财务共享服务中心设置　/　147

8.4　文化管理　/　152

8.4.1　企业文化的定义　/　152

8.4.2　企业文化的主要内容　/　152

本章小结　/　156

第 9 章
财务共享服务中心运营质量管理　/　157

9.1　全面质量管理体系　/　158

9.2　财务共享服务中心运营质量管理体系　/　160

9.2.1　客户需求　/　160

9.2.2 质量方针和目标 / 161

9.2.3 质量策划 / 161

9.2.4 质量检测方式 / 162

9.2.5 质量分析与改进 / 162

9.2.6 质量保障 / 163

9.3 六西格玛管理 / 170

9.4 财务共享服务中心内控与风险管理 / 172

9.4.1 财务共享模式的内控管理 / 173

9.4.2 财务共享模式内控的意义 / 173

9.4.3 财务共享模式内控的挑战 / 174

9.4.4 财务共享模式内控的举措 / 175

本章小结 / 177

第 10 章
财务共享服务中心管理成熟度评价 / 179

10.1 管理成熟度的主要内容 / 180

10.2 管理成熟度的基本框架 / 181

10.2.1 管理成熟度评分 / 181

10.2.2 管理成熟度测评方法 / 182

10.2.3 管理成熟度建设路径 / 183

10.3 管理成熟度的评价细则 / 183

10.3.1 组织模式与领导管理评价 / 183

10.3.2 标准化管理评价 / 184

10.3.3 信息系统管理评价 / 186

10.3.4　管理制度评价　/　188

10.3.5　计划调度评价　/　189

10.3.6　人员管理及培训评价　/　189

10.3.7　现场管理评价　/　191

10.3.8　质量控制管理评价　/　192

10.3.9　客户服务管理评价　/　193

10.3.10　绩效衡量与分析评价　/　194

本章小结　/　195

附录　大型企业财务共享服务中心案例研究　/　197

参考文献　/　211

后记　/　213

第1章 财务共享服务中心运营框架

运营管理指对运营过程的计划、组织、实施和控制,是与产品生产和服务创造密切相关的各项管理工作的总称。运营管理是现代企业管理科学中最活跃的分支之一,也是新思想、新理论大量涌现的一个分支。财务共享服务中心的运营管理服务于业务,并对业务进行有效监督。

1.1 财务共享服务中心运营的定位

财务共享服务中心的运营定位为服务和监督两大核心职能,如图1-1所示。其中,会计核算、资金结算、财务报表、税务管理等财务共享职责中偏业务类的工作是财务共享服务中心对外输出的服务,其更专注于专业领域,核心是如何处理完成大量、复杂的日常业务。这些服务按照和客户签订的服务水平协议,要在规定的时间内按约定的质量、利用最低的成本完成工作。所以,如何保证共享中心的服务水平达到双方约定的标准,就是运营管理的职责。

图1-1 财务共享服务中心运营的定位

1.1.1 服务定位

服务的定位包含服务业务和服务管理两个方面。一方面,在服务业务定位下,围绕高效、低成本的目标,运营管理向业务提供如运营分析、人员管理、培训体系、标准化管理、流程管理、精益管理、财务信息化、客户服务、项目管理、创新管理等服务；另一方面，在服务管理定位下，运营管理服务于财务共享服务中心的负责人，服务于企业。运营管理要站在更宏观的角度去回答财务共享要如何发展才能更好地为企业创造价值，财务共享需要什么样的组织架构，什么样的团队文化更有利于财务共享服务中心负责人的管理、更能实现财务共享服务中心的战略管理、组织管理和文化管理的发展目标等问题。

1.1.2 监督定位

在监督定位下，围绕质量、时效、满意度的目标，运营管理具有质量管理、六西格玛管理、风险管理、满意度评价、绩效管理、成本管理、成熟度评价等职责。站在客户的角度，运营管理要监督业务团队向客户提供的各种服务是否满足客户的要求；站在中心负责人的角度，运营管理要监督业务团队对外的服务是否达到中心对客户的承诺以及整个中心的运转是否达到既定的绩效目标。

1.2 财务共享服务中心运营体系的发展阶段与分工

1.2.1 财务共享服务中心运营体系的发展阶段

财务共享服务中心运营体系按照发展阶段的不同可以划分为运营初创期、运营成长期和运营成熟期。

运营初创期是指财务共享服务中心从上线投入使用后运营不到1年的时间段。在这个阶段，培训体系、信息化管理、运营分析、质量管理、客户服务最为紧急。由于此阶段还处于变革期，因此无论是公司业务部门还是财务条线，对于财务共享服务中心的不稳定都可以理解和容忍，并给予时间使其能够逐步改善。

运营成长期是指财务共享服务中心运营1年以上、3年以内的时间段。在这个阶段，运营职能升级，需要把人员管理、绩效考核、标准化管理、成本管理、战略管理、满意度评价进一步完善。在保证运营后，财务共享服务中心需要考虑长期的发展计划和人员管理，制定策略，协调资源达成绩效目标，完善标准化机制，以保证业务的持续平稳，并开始关注作业的投产比。

运营成熟期是指财务共享服务中心运营3年以后的时间。在这个阶段需要引入组织管理、文化管理来保证团队的稳定和持续战斗力，持续优化流程管理、精益管理、风险管理、六西格玛管理，通过加强项目管理、创新管理、成熟度评价等实现运营管理水平的跨越式提升。

1.2.2 财务共享服务中心运营体系的分工

财务共享服务中心运营体系可以按照全职岗位、合并岗位、兼职岗位进行分工并开展相应工作，如表1-1所示。

表1-1 财务共享服务中心运营体系的分工

岗位	内容
全职岗位	运营分析、精益管理、信息化管理、客户服务、质量管理、风险管理、六西格玛管理
合并岗位	人员管理、组织管理、培训体系、绩效考核可以合并由专人执行
合并岗位	标准化管理、流程管理、风险管理可以合并由专人执行
兼职岗位	战略管理、文化管理可以由运营管理团队负责人或者副职兼岗
兼职岗位	满意度评价、成熟度评价可以由运营管理团队负责人兼岗
兼职岗位	项目管理、创新管理可以由运营管理团队负责人兼岗

1.3 财务共享服务中心运营体系的主要内容

1.3.1 财务共享服务中心运营体系总览

财务共享服务中心运营体系通过其职能和时间线的结合，可以构成完整的总览视图，如表1-2所示。

表1-2 财务共享服务中心运营体系总览视图

阶段	服务水平协议 (SLA)		
	服务业务	服务管理	监督控制
运营初创期	运营分析		质量管理
	培训体系		
	财务信息化		
	客户服务		
运营成长期	人员管理	战略管理	满意度评价
	绩效管理	组织管理	成本管理
	标准化管理		
运营成熟期	流程管理	文化管理	六西格玛管理
	精益管理		内控与风险管理
	项目管理		成熟度评价
	创新管理		

1.3.2 运营初创期

1. 运营分析

财务共享服务中心的运营分析是指制定运营监控指标，获取运营数据，用数字量化反映财务共享服务中心的运营情况，对异常情况进行分析，辅助业务管理。其内容包括运营监控指标分析、运营数据管理和运营业务管理等。

2. 培训体系

财务共享服务中心的培训体系包括培训管理办法、培训工作流程、培训评估体系、培训预算管理等一系列与培训相关的内容。不同的员工群体专业能力起点不同，培训方案应有所差别。例如，在制订培训计划时，应首先明确员工群体已经具备的知识与运营财务共享服务中心所需知识之间的差距，在培训中有重点地引导员工将原有工作经验与财务共享服务中心运营业务相结合，并对员工的业务实际操作进行培训和指导。

3. 财务信息化

财务共享服务中心作为业务与开发的接口人，在运营管理中，财务共享服务中心的信息系统管理主要有两个职责：一个是负责业务需求的对接，站在技术角度评估业务的系统需求，并转化成技术能够理解的语言并完成开发；另一个是新技术引入，以业务驱动，不断地迭代优化，尽可能地发挥出财务管理的职能和功能作用。

4. 客户服务

财务共享服务中心的客户服务管理是指财务共享服务中心对客户服务工作进行长期有效控制，明确服务规范，及时处理客户投诉，建立服务水平协议机制，提高客户服务的满意度，不断提高财务共享服务中心的专业水平与服务能力。通过建立专业客户服务团队，为客户提供及时、准确的咨询服务，减少客户与具体业务人员的对接，保证业务能够高效处理。除此之外，服务水平协议的签订、应急处理流程、定期客户回访、新业务纳入机制等都可以算在客户服务范围内。

5. 质量管理

财务共享服务中心运营的质量管理是指在业务团队对外提供服务后，财务共享服务中心作为内部第三方监控服务输出的效率、质量等是否满足服务水平协议的要求。其主要内容包括分析质量管理的需求、策划财务共享服务中心运营的流程、财务共享服务中心运营质量检测控制，对财务共享服务中心运营质量中的薄弱环节进行识别并制定改进措施。

1.3.3 运营成长期

1. 人员管理

财务共享服务中心运营的人员管理是指在运营过程中对从事业务管理的基础服务人员、掌握核心技术的骨干人员和负责财务共享服务中心各部门日常运营管理人员的管理进行相关管理。针对这三类人员需根据其可替代性、流动性、专业性进行差异化管理，全面调动财务共享服务中心运作的积极性，形成其独特的服务、监督双角色的企业文化。

2. 绩效管理

财务共享服务中心的绩效管理包括组织绩效和员工绩效两个方面。组织绩效是通过对业务时效性的考核，促使业务处理效率的有效提高；通过对业务部门的满意度测评，促使财务共享中心服务能力的增强；通过对财务共享服务中心流程化和标准化的考核，促使组织人力成本的有效节约。个人绩效考核是根据不同人群的绩效特点设定相应的个人绩效方案，保障财务共享服务中心稳定运作。

3. 标准化管理

财务共享服务中心的标准化管理是指通过对流程、制度的统一、固化来保证重复性工作处理的质量。其主要内容包括组织编写流程手册、制度汇编、岗位操作手册等，并在编写过程中提供工具和方法。

4. 战略管理

财务共享服务中心的战略管理是指制定财务共享服务中心长期发展目标，定期检视具体计划的执行是否符合长期发展方向，保证财务共享服务中心发挥最大的价值。其主要目的是结合公司的目标，提供必要的服务，如财务、人力、信息、数据等支持性工作，最终实现总体发展目标。

5. 组织管理

财务共享服务中心的组织管理是指通过建立组织结构，规定职务和职位，明确责权关系等，以有效实现组织目标的过程。组织管理的具体内容是设计、建立并保持一种组织结构，其主要内容包括运营模式选择、布局设置和内设机构设置。

6. 满意度评价

财务共享服务中心的满意度评价是以双方（与服务对象）签订的服务水平协议为纽带开展的事后评价，主要包括客户服务组织、客户服务工具、客户服务制度、客户服务反馈机制四个大的方面，其核心目的是通过立体化的分析为财务共享服务中心找到改进方向。

7. 成本管理

财务共享服务中心的成本管理是指通过建立成本分析、预算管理指标体系、对投产比的监控来反映财务共享服务中心运营效率，其难点在于成本的分摊、单业务量的定义等方面。

1.3.4 运营成熟期

1. 流程管理

财务共享服务中心流程管理的最终目的是使企业达成总体战略目标，实现使命与愿景。因此财务共享服务中心流程管理的目标应与企业战略目标紧密结合，在流程管理目标的指导下展开企业流程的梳理与再造、流程执行、流程优化与维护等不同阶段的工作，以更加统一的标准和规范提升企业的管理效率。

2. 精益管理

财务共享服务中心的精益管理是指通过对全业务的优化管理，提高中心整体运行效率。与仅注重流程优化一个维度的传统流程管理相比，精益管理是要从流程、制度、人员、客户管理等维度综合考虑提高组织运营绩效。

3. 项目管理

财务共享服务中心通过建立一套项目管理培训体系和工具，提高员工应对系统建设等非日常工作的项目管理能力，其主要包含项目的进度、成本和质量管理等工作。

4. 创新管理

财务共享服务中心通过一套科学的创新管理方法，用跨界的方法、模式、技术解决组织中的"疑难杂症"。其核心要素是组织中是否有一个具有创新思维的领导，是否能够建立一个沟通讨论顺畅的机制。

5. 文化管理

财务共享服务中心的文化是由精神文化、制度文化、行为文化、物质文化四个层次构成的。其中，精神文化层决定了行为文化层、制度文化层和物质文化层，制度文化层是精神文化层、物质文化层和行为文化层的中介，物质文化层和制度文化层是精神文化层的体现。

6. 六西格玛管理

六西格玛是一种管理策略，它主要强调的是制定极高的目标、收集数据以及分析结果，通过这些来减少产品和服务的缺陷。六西格玛的原理是通过检测项目中有多少缺陷，就可以找出如何能够系统地减少缺陷，使项目尽量完美的方法。

7. 内控与风险管理

财务共享服务中心模式下的内控深化建设是一项长期性的工作，这项工作的开展能够为内部控制管理提供有力的支持，优化内部控制管理。具体来说，其能够进一步强化工作人员的风险意识，严格贯彻落实内部控制平衡机制，从管控关系上推进内部控制与风险管理。

8. 成熟度评价

为能够合理有效地衡量与评价财务共享服务中心的运营管理能力，通过设置量化的成熟度等级、成熟度评价指标体系，可以衡量出财务共享服务中心的发展情况，结合定期的评价，促进财务共享服务中心的平稳运营及价值最大化，指导财务共享服务中心改进管理方向。

视角

A 集团财务共享服务中心运营案例

随着经济全球化的不断深入，经济新常态带来的供给侧结构性改革成为企业加速转型发展的强大推动力。在大数据、云计算等科技发展的新形势下，为满足建设战略型、价值型企业的管理需求，财务共享服务中心也在相应加速建设。我国大部分企业正处于财务共享服务中心建设的初级阶段，关注的重心都会聚焦在财务共享服务中心系统的搭建上。下面将从运营视角聚焦集团型企业财务共享模式下的运营团队建设与管理。

一、财务共享服务中心运营面临的挑战

财务共享服务中心的出现不等同于生产工具的简单替换。它不仅是一次新技术在管理上的应用，更是一次自上而下、由内而外的管理变革，是一次巨大的质变。对于集团型企业而言，面对初始核算系统不统一、业务范围多板块的情况，建设财务共享服务中心的技术难度不言而喻。而运营的难度相对隐形，从思想和认识上更难被注意到。因此相较于建设，财务共享服务中心的运营更是难上加难。集团型企业的财务管理大多是分级次、分区域管理，而财务共享服务中心的出现，是对原有的管理模式和管理界

限的突破，甚至还存在管理权限上收后的二次分配，这无疑将打破原有的区域之间相对静态的平衡。这一点在集团型财务共享服务中心建设的过程中容易被忽视。正是由于人们对财务共享服务中心运营的重要性存在认知差异，无法从顶层设计统筹考虑财务共享服务中心的运营；同时因财务共享服务中心运营时间较短，目前仍处在"摸着石头过河"的探索阶段，没有可供参考的、可复制的成熟模板作为对标基础；对人在管理变革中的正反双向作用缺乏深入的思考和聚焦，给财务共享服务中心的成功运营带来了极大的挑战。

（一）缺乏对财务共享服务中心运营的重要性认知

财务共享服务中心在我国的发展处于全面建设的阶段，即在集团型企业中的应用是将传统管理和业务按照更为专业化的分工细分转变成无数个作业单元，在此基础上，按照更为合理、高效的管理要求，消除无价值和无效作业，将保留的作业转换成刚性、标准化的流程，从而将信息标准的权威和刚性固化到信息系统中。财务共享服务中心建设的复杂性主要是在流程设计的合理性上，现阶段的主要目标则着重体现在提高建设效率与建设质量上，甚至于即使在范围和数量上投足了人、财、物等各项资源，但是忽视了财务共享服务中心作为服务于企业管理的一种新兴方式，其本身对于突破传统管理方式屏障和束缚的冲击就已经是一种挑战了。若是无法做到自上而下地统筹规划和部署，集团型企业在财务共享服务中心的运营上就会存在管理差异化、人员集中度差等问题，以及财务共享服务中心与生产业务之间冲突不断等矛盾，从而降低管理效率，导致由管理的差异性带来的数据失真，使得企业的财务数据无法实现真正的"共享"，这也会逐步成为大数据分析、云计算发展的"绊脚石"，与建设财务共享服务中心的初衷背道而驰。

(二)缺乏运营的成熟方法论

财务共享服务中心的建设之所以呈快速发展趋势,主要是在技术方面已经形成了可复制、可推广的建设方法论。财务共享服务中心的运营,尤其是集团型企业,其难度之所以在建设期时更大,一是由于财务共享服务中心的运营在我国目前仍处于探索阶段,尚未形成可量化的模板;二是从财务共享服务中心在我国发展的历程看,运营的可复制性存在因企业文化、管理需求等多方面差异带来的难度。

(三)忽视了人在运营过程中的管控难度

财务共享服务中心的建设是对机器、流程的控制,而财务共享服务中心运营的核心在于对人的控制。人的主观能动性和不确定性提高了财务共享服务中心的运营难度,尤其是集团型企业,由于环境相对封闭,人员思想开放程度较低,存在更大的挑战。一是集团型的企业层级较多,基层单位遍布范围广、人员年龄较新兴企业的偏大,对新鲜事物的接受能力较弱;二是运营初期对财务共享服务中心人员的综合素质要求高,符合条件的人员集中难度大;三是因制度保障机制和人员职业发展规划在财务共享服务中心建设初期考虑不周,人员迁移顾虑较多,因此大多持观望态度。

二、A集团财务共享服务中心运营的主要做法

A集团是一家大型央企集团,其财务共享服务中心采取顶层设计的方式,采用总分架构建设,目前已经运营近3年时间,其运营的主要做法如下。

(一)统筹规划,整体部署

在数字化时代的大背景之下,信息技术产业蓬勃发展,A集团高瞻远瞩,进行全集团层面的统筹规划,集中部署,在将会计政策、业务标准、业务流程、信息系统、管控规则等方面统一标准,有效地减缓财务共享服务中心的运营压力,为财务共享服务中心追赶数字化时代的变革打下坚实的基础。

（二）明确财务共享服务中心的职能定位

通过分析因财务共享服务中心的建立带来的管理变革，从思想上自上而下地重视服务中心的运营，清晰、明确财务共享服务中心的职能定位。

（三）试点先行、逐步推进

因各企业之间存在文化、氛围等方面的差异，即便有其他企业的成熟经验，在运营方法上也不能完全照搬，因此采取试点先行、逐步推进的方式稳妥地开展财务共享服务中心的运营建设。

（四）有效解决人员缺口的问题

一方面工作经验丰富的人员大多不会愿意长期因工作原因影响家庭生活；另一方面刚入职的员工因经验不足，对业务理解不够深入，短期内较难满足财务共享服务中心人员高素质的要求，因此采用灵活的人员轮岗方式可以较好地解决短期人员缺口问题。

（五）解决人员的后顾之忧

集团型企业相较于新兴企业，人员晋升渠道单一、流动性低、竞争意识较弱，再加上薪资水平无法按照"多劳多得"进行公平分配，容易使思想上产生懈怠情绪的人将公司变成"养老院"，进一步恶化公司文化和风气；同时也使得有梦想、有干劲的年轻人跳出"围城"，造成极大的人力资源的流失。通过建立财务共享服务中心人员晋升、培养等制度，对人员未来的职业发展提供有力的支撑和制度保障，让有能力、有梦想的人可以在此安心发展。

（六）建立张弛有度的考核机制

财务共享服务中心的考核机制，不仅应对财务共享服务中心人员标准化、规范化行为进行奖励和惩罚，更应该对与财务共享服务中心直接衔接的业务人员的不规范、不标准的行为进行严肃惩戒，起到"以儆效尤"的示范作用。A集团财务共享服务中心的运营管理从顶层设计解决管理职能改变所带来的冲突，解决因财务共享服务中心刚性管理带来的人情矛盾，不让冰冷的考核制度使尽职尽责工作的人员"寒心"。通过对试图挑衅刚性管理制度的投诉人的考核，让每一位财务共享服务中心的员工微笑服务。

（七）财务共享服务中心的文化建设

财务共享服务中心对寻求个性化差异的年轻人吸引力较弱，通过具有人文关怀的共享文化，吸引更多年轻人在制度允许的框架下，更加自由地发展。

总结来说，财务共享服务中心的出现，不仅是一场大势所趋的技术革命，更是一场没有硝烟的管理韬略的比拼。只有在战略上高瞻远瞩，才能在"万物互联"的数字时代站稳脚跟；只有增强对人才的培养和关怀，才能把握住时代发展的命脉。说到底，人才是企业发展的第一生产力。

本章小结

财务共享服务中心的运营主要负责服务和监督，既要服务好业务、服务好管理，又要监督在业务运行过程当中是否按照服务水平协议提供了高效、优质的共享服务。立足当前财务共享服务中心的发展阶段，通过转变思维、引入新技术，不断地提升财务共享服务中心的运营水平。

第2章 财务共享服务中心服务水平协议

财务共享服务中心服务水平协议是为了保障服务的性能和可靠性提供的一种双方认可的协定,它是财务共享服务中心提供服务的纽带和标准。财务共享服务中心运营管理应该围绕服务水平协议为目标,不断地进行迭代优化和提升。

2.1 服务水平协议的基本框架

财务共享服务中心服务水平协议的基本框架包括正文和附件两个部分,如图2-1所示。

正文部分
1. 服务水平协议的目的
2. 由财务共享服务中心提供的服务内容
3. 需要由客户单位提供的支持内容
4. 服务工作量
5. 风险及控制策略
6. 服务质量标准和指标
7. 改进流程
8. 收费方式
9. 服务水平协议的正式回顾和修订
10. 审计流程
11. 专业名词表

附件部分
1. 月度绩效报告模板(财务共享服务中心和客户单位)
2. 常用联系人表
3. 风险评估与策略
4. 服务水平协议维护时间表

图2-1 服务水平协议的基本框架

2.2 服务水平协议的重点内容

2.2.1 目标与前提

为合理使用资源、降低财务运营成本、提高财务共享服务中心运营效率，规范财务共享服务中心操作，保障服务对象享有服务品质，按照"互相理解，互相促进"的原则，财务共享服务中心与服务对象双方就财务共享服务中心的服务范围与服务水平、双方职责与服务收费机制达成一致，制定服务水平协议。

2.2.2 日常运营管理规定

财务共享服务中心日常运营管理包括标准工作时间和额外工作时间。其中标准工作时间为法定工作时间，额外的工作时间包括：对于具有截止时间要求的服务内容（如月度、季度和年度结账），财务共享服务中心将通过增加资源或延长工作时间等途径，确保服务按约定的服务水平交付；对于临时需要延长财务共享服务中心服务时间的事项，服务对象应提前提交书面申请至财务共享服务中心审批。

2.2.3 责任划分

1. 财务共享服务中心职责

财务共享服务中心的职责包括：按照协议约定的服务类型和服务内容为客户提供服务；按照协议约定的服务水平为客户提供优质服务；由于客户的原因导致财务共享服务中心不能履行承诺服务水平的，财务共享服务中心可免除责任；由于不可抗力导致财务共享服务中心不能履行承诺服务水平的，财务共享服务中心可免除责任；财务共享服务中心各项业务准确率须达到99%。

2. 客户职责

客户应按照流程与操作规范正确填写，并及时提交完整的报账单据及相关支持性附件；应确保报账单据及其他支持性附件的真实性；应确保报账单据及其他支持性附件的影像文件的清晰可读；应确保报账事项审批的完整性与真实性；应及时对财务共享服务中心提供的服务结果进行检查，并及时反馈检查结果；发生任何可能影响服务的情形，应及时与财务共享服务中心取得联系，并提供详细信息以尽早解决问题，减少问题造成的影响或损失；应积极参与财务共享服务中心发起的服务调查、会议或其他专题研讨，并及时反馈意见。

2.2.4 服务类型及内容

财务共享服务中心向客户提供包括销售至回款、采购至应付、员工费用报销、资金结算、资产核算、总账核算等财务流程中的单据审核、会计核算、资金结算处理等多种服务。具体服务类型如表2-1所示。

表2-1 财务共享服务中心服务类型

销售至收款
收入暂估
收入确认调整
回款核销
应收账款账龄管理
应收期末关账

续表

采购至付款
应付及预付账款入账审核
应付账款账龄分析
应付期末关账
员工费用报销
员工借款申请单据复核
费用报销单据复核
费用报销期末关账
费用报销及员工借支情况分析
资金结算
财务共享服务中心统一支付账户的付款管理
票据电子台账信息管理
集团内资金上收/调拨下拨执行
共享单位所有银行账户的银企对账
资产核算
资产新增/转固/调拨/调整工单核算
资产卡片信息创建、修改及审核
资产期末关账
总账核算
总账会计凭证录入与审核
内部往来科目对账
总账期末关账

2.2.5 关键绩效指标

财务共享服务中心采用流程化运营管理模式。关键绩效指标是衡量流程绩效的目标量化管理工具，为提高服务效率、保证服务质量及最终服务目标的达成，协议双方将针对具体服务类型对关键绩效指标(KPI)进行定义。为了使客户能够有效地对财务共享服务中心提供的服务质量进行评价，确保服务目标的达成，财务共享服务中心有责任对关键绩效指标按月度或季度进行对外报告。月度或季度的关键绩效指标报告将通过财务共享运营平台通知并呈递至指定的客户联络人，客户有责任提供相关绩效评估所需的必要信息。

2.2.6 服务收费

1. 运营成本

财务共享服务中心将基于历史年度运营成本及预算年度的费用预算测算出预算年度的财务共享服务中心运营成本，并按照财务共享服务中心内部成本类型测算分摊间接成本后的各业务核算组的运营成本。

2. 业务量

财务共享服务中心将根据历史年度的实际业务量以及业务部门编制的业务发展计划测算出预算年度的业务量。最终的需求预测将与财务共享服务中心管理团队以及客户协商沟通后确认。

3. 服务价格

财务共享服务中心将按照测算的各业务核算组的运营成本，根据税务要求、服务项目的特殊性及双方协定的加成比例进行成本计算，并以加成后的总体价格计算各业务组的业务标准单价。

4. 服务计费调整

财务共享服务中心将在每年年末重新评估各类业务服务单价，对于服务收费的实际测算单价与收费单价产生的差异，将按照实际单价进行调整。

📍**案例**

A 公司运营服务水平

A 公司的全球财务共享服务中心有 300 余人，负责涉及全球 80 多个国家的核算业务、100 多个国家的资金管理服务，服务语言多达 25 种，其已成为 A 公司的全球会计核算中心、资金中心和数据管理中心，为全部业务提供共享服务。

该公司的财务共享服务中心向客户提供包括员工费用报销、销售至回款、采购至应付、资金结算、资产核算、总账核算等财务流程中的单据审核、会计核算、资金结算处理等多种服务。

一、服务内容

(一) 员工费用报销管理

员工费用报销管理的具体内容如表 2-2 至表 2-4 所示。

表 2-2　员工费用报销申请审核及会计处理

财务共享服务中心服务内容	客户职责
• 费用报销申请及其附件审核 • 费用报销申请业务会计处理	• 费用报销相关税务发票验真 • 费用报销申请单据签收 • 费用报销申请单据扫描上传 • 补充退单事项相关材料

表 2-3　备用金借款/还款单据审核与记账

财务共享服务中心服务内容	客户职责
• 备用金借/还款申请及其附件审核 • 挂账备用金借款及核销备用金借款会计处理	• 备用金借/还款申请单据签收 • 备用金借/还款申请单据扫描上传 • 补充退单事项相关材料

表 2-4　费用报销期末关账

财务共享服务中心服务内容	客户职责
• 提供备用金借款余额及明细表 • 检查调整备用金借款余额 • 提供备用金借款余额分析报告	• 接收备用金借款余额分析报告 • 与员工沟通处理备用金借款余额

(二) 销售至应收管理

销售至应收管理的具体内容如表 2-5 至表 2-9 所示。

表 2-5　收入暂估及结算调整的复核与记账

财务共享服务中心服务内容	客户职责
• 收入暂估入账处理 • 收入确认及调整入账处理	• 提供完整的收入暂估及确认的支持性附件

表 2-6　销售回款确认与记账

财务共享服务中心服务内容	客户职责
• 确定销售收入回款相关客户信息 • 负责销售回款核销相关会计处理	• 支持销售回款差异数据的确认 • 应收账款催收

表 2-7　预收账款审核与记账

财务共享服务中心服务内容	客户职责
• 确定预收账款相关客户信息 • 负责预收账款相关会计处理	• 支持预收账款异常数据的确认

表 2-8　销售收入回款核销复核与记账

财务共享服务中心服务内容	客户职责
• 明确销售回款核销明细 • 负责销售回款相关会计处理	• 支持销售回款核销异常数据的确认

表 2-9　应收账款期末关账

财务共享服务中心服务内容	客户职责
• 应收账款期末对账 • 编制客户应收账款余额表 • 应收模块期末关账相关业务	• 客户对账 • 针对客户对账不一致的情况，与客户进行具体沟通

（三）采购至应付管理

采购至应付管理的具体内容如表 2-10 和表 2-11 所示。

表 2-10　采购付款单据审核与记账

财务共享服务中心服务内容	客户职责
• 付款申请及其附件审核(含预付款申请) • 付款申请业务会计处理(含预付款业务)	• 付款申请基本信息录入 • 预付款/付款申请单据签收 • 预付款/付款申请单据扫描上传 • 付款申请预算验证 • 补充退单事项相关材料

表 2-11　应付账款期末关账

财务共享服务中心服务内容	客户职责
• 拟定并确认应付关账清单 • 检查付款清单检查事项 • 应付模块期末关账 • 提供供应商余额明细表	• 与供应商对账及进行差异事项沟通

(四）资金管理

资金管理的具体内容如表 2-12 至表 2-17 所示。

表 2-12　资金支付（员工费用报销与采购付款）

财务共享服务中心服务内容	客户职责
• 资金账户支付结算 • 发送线下支付指令并更新支付状态 • 按照客户需求处理紧急付款 • 付款失败及退回反馈	• 制订资金计划 • 确定付款方式及付款日期 • 按共享中心提供的指令处理线下付款 • 付款失败及退回原因查询与反馈

表 2-13　收款录入

财务共享服务中心服务内容	客户职责
• 银行账户流水变动录入 • 电子票据信息录入	• 线下收款录入(含现金、支票、纸质票据等)

表 2-14　现金管理

财务共享服务中心服务内容	客户职责
• 现金账务会计处理	• 现金存取 • 线下现金支付 • 现金每日盘点

表 2-15　票据管理

财务共享服务中心服务内容	客户职责
• 电子票据的接收与登记 • 票据管理业务的会计处理	• 纸质票据接收与登记 • 票据托收、贴现、拆票等线下处理 • 应收票据的盘点 • 应付票据的申请与处理 • 提交应收票据背书支付的付款申请 • 提交应付票据支付的付款申请

表 2-16　资金调拨

财务共享服务中心服务内容	客户职责
• 资金内部调拨操作 • 资金管理调拨操作 • 完成资金调拨业务的会计处理	• 制订资金计划 • 发起并审批资金调拨指令

表 2-17　银企对账

财务共享服务中心服务内容	客户职责
• 银行账户余额期末对账 • 银行账户期末余额对账差异处理 • 银行余额调节表编制与复核	• 支持银行账户期末余额对账差异确认

（五）资产核算

资产核算的具体内容如表 2-18 至表 2-21 所示。

表 2-18　资产新增

财务共享服务中心服务内容	客户职责
• 资产申请单及附件的审核 • 资产卡片创建	• 资产申请单创建 • 支持性附件的提交与签收 • 支持性附件的扫描与上传

表 2-19　资产信息调整及维护

财务共享服务中心服务内容	客户职责
• 资产信息调整单及附件的审核 • 资产卡片维护	• 资产信息调整申请单创建 • 支持性附件的提交与签收 • 支持性附件的扫描与上传

表 2-20　资产报废与处置

财务共享服务中心服务内容	客户职责
• 资产报废与处置申请及附件的审核 • 资产卡片处理	• 资产报废与处置申请创建 • 支持性附件的提交与签收 • 支持性附件的扫描与上传

表 2-21　资产期末关账

财务共享服务中心服务内容	客户职责
• 拟定并确认资产关账清单 • 检查资产关账清单检查事项 • 资产模块期末关账	• 资产关账异常事项处理协助

（六）总账核算与报告

总账核算与报告的具体内容如表 2-22 至表 2-26 所示。

表 2-22　总账会计凭证录入与审核

财务共享服务中心服务内容	客户职责
• 凭证工单及影像资料审核与复核 • 会计凭证录入与创建 • 会计凭证复核与过账 • 经常性凭证创建与复核过账	• 业务单据编制 • 凭证工单创建 • 档案本地签收 • 影像资料上传

表 2-23　内部往来科目对账

财务共享服务中心服务内容	客户职责
• 内部往来对账表制定 • 内部往来差异原因分析与协调处理 • 内部往来差异调账处理	• 内部往来差异原因分析协助

表 2-24　关账清单管理

财务共享服务中心服务内容	客户职责
• 关账清单需求沟通 • 关账清单统一要求下发 • 总账关账清单编制 • 关账清单审核与反馈 • 关账清单汇总归档	• 关账清单需求提出

表 2-25　总账期末关账

财务共享服务中心服务内容	客户职责
• 总账关账清单检查事项确认 • 暂挂事项处理 • 关账事项完整性检查 • 试算平衡表检查 • 财务报表分析型复核检查 • 总账及各模块会计期间关闭	• 财务报表分析型复核检查确认

表 2-26　会计档案管理

财务共享服务中心服务内容	客户职责
	• 凭证打印 • 会计凭证的装订 • 原始会计档案的归档

二、服务水平

（一）销售至应收管理

销售至应收管理的具体内容及相应服务水平如表 2-27 所示。

表 2-27　销售至应收管理的服务内容及相应服务水平

服务内容	关键绩效指标（KPI）	服务水平	免责事项
收入确认的复核与记账	会计处理及时	自系统单据流转进财务共享服务中心至完成会计核算处理48小时内完成（遇节假日顺延）	因本地业务提供信息错误而退单所导致的发票处理延误，将不在正常服务水平考虑范围内
销售回款确认与记账	及时确认回款客户	自销售回款到账之日起24小时内完成（遇节假日顺延）	因银行提供客户信息不全或销售部门回复不及时导致财务共享服务中心无法确认客户而延迟入账，将不在正常服务水平考虑范围内
预收账款审核与记账	会计处理及时	自预收账款到账之日起48小时内（遇节假日顺延）完成会计核算处理	因银行提供的客户信息不全或销售部门回复不及时导致财务共享服务中心无法确认客户而延迟入账，将不在正常服务水平考虑范围内
销售收入回款核销与记账	销售回款核销复核及时	自业务部门完成销售回款核销之日起24小时内完成（遇节假日顺延）	因数据异常导致的调整与沟通所引起的延迟，将不在正常服务水平考虑范围内

（二）采购至应付管理

采购至应付管理的具体内容及相应服务水平如表2-28所示。

表 2-28　采购至应付管理的服务内容及相应服务水平

服务内容	关键绩效指标（KPI）	服务水平	免责事项
采购发票处理	发票处理周期	自系统单据流转进财务共享服务中心至完成会计核算处理24小时内完成（遇节假日顺延）	本地财务应按照要求提交相关资料和支持性凭证，因单据问题导致工单退回或挂起而引起的发票处理延迟，将不在正常服务水平考虑范围内
应付期末关账与对账	应付关账天数		本地应按照财务共享服务中心相关要求保证提供的单据信息准确，因本地提交申请有误而导致的余额有误，将不在正常服务水平考虑范围内

续表

服务内容	关键绩效指标(KPI)	服务水平	免责事项
应付账款分析	应付账款分析编制时间	自关账完成后5个工作日内完成	无

(三）资金管理

资金管理的具体内容及相应服务水平如表2-29所示。

表2-29 资金管理的服务内容及相应服务水平

服务内容	关键绩效指标(KPI)	服务水平	免责事项
资金支付	付款周期	对公支付：自系统单据流转进财务共享服务中心起24小时内完成支付结算及入账处理(遇节假日顺延) 对私支付：报销单审批完成后按照资金计划在3个工作日内完成结算及入账处理	本地财务应按照付款要求提供正确的付款信息，因付款信息错误而导致付款延迟，将不在正常服务水平考虑范围内
	线下支付付款周期	线下支付在付款日后2个工作日内完成付款(后续移交财务共享服务中心另行协商) 确认付款完成后3小时内完成入账处理(后续移交财务共享服务中心另行协商)	本地财务应保证支付账户的资金充足性，因支付账户余额不足导致付款失败及延迟，将不在正常服务水平考虑范围内
	付款失败/退回处理周期	接收付款失败/退回信息当日发出付款失败/退回通知 付款信息错误：接收付款信息更新1个工作日内重新提交付款 非付款信息错误：接收付款失败/退回信息后1个工作日内完成支付结算及入账处理	本地财务应按照要求提交相关付款单据和支持性凭证影像，因单据或影像问题导致工单退回或挂起而引起的付款周期延长，将不在正常服务水平考虑范围内
资金调拨	资金调拨周期	接收指令当日完成资金划转及入账处理	
	线下支付资金调拨	线下资金调拨接收指令2个工作日内完成资金划转(后续移交财务共享服务中心另行协商) 接收资金划转单据后3小时内完成入账处理(后续移交财务共享服务中心另行协商)	因外部银行系统端错误或返回结果状态延迟而导致付款周期延长，将不在正常服务水平考虑范围内

续表

服务内容	关键绩效指标(KPI)	服务水平	免责事项
银企对账	日对账交付时限	次日17:00前将截至前日的银企对账结果发送至本地财务	因外部银行提供对账单延迟或错误而导致银行余额调节表发送延迟,将不在正常服务水平考虑范围内
			周末、法定节假日不在正常服务水平考虑范围内
	月对账交付时限	每月第4个工作日前发送上月银行余额调节表至本地财务	因外部银行提供对账单延迟或错误而导致银行余额调节表发送延迟,将不在正常服务水平考虑范围内
			因本地财务账务调整差异而导致银行余额调节表发送延迟,将不在正常服务水平考虑范围内

(四)总账处理

总账处理的具体内容及相应服务水平如表2-30所示。

表2-30 总账处理的服务内容及相应服务水平

服务内容	关键绩效指标(KPI)	服务水平	免责事项
总账凭证处理	凭证处理时间	自系统单据流转进财务共享服务中心起48小时内完成入账(遇节假日顺延)	本地财务应按照要求提交相关资料和支持性单据,因单据问题导致核算错误,将不在正常服务水平考虑范围内
总账关账	关账及时性	符合关账时间计划要求	本地财务应按照要求提交相关单据支持处理暂挂事项和关账事项工作,因时间和单据问题导致关账延迟,将不在正常服务水平考虑范围内

(五)资产核算

资产核算的具体内容及相应服务水平如表 2-31 所示。

表 2-31 资产核算的服务内容及相应服务水平

服务内容	关键绩效指标(KPI)	服务水平	免责事项
资产新增入账	处理时间	自系统单据流转进财务共享服务中心起 48 小时内完成入账(遇节假日顺延)	本地财务应按照要求提交相关资料和支持性单据,因单据问题导致核算错误,将不在正常服务水平考虑范围内
资产卡片维护	处理时间	自系统单据流转进财务共享服务中心起 48 小时内完成入账(遇节假日顺延)	本地财务差错调账未及时处理导致延迟,将不在正常服务水平考虑范围内

(六)员工费用报销管理

员工费用报销管理的具体内容及相应服务水平如表 2-32 所示。

表 2-32 员工费用报销管理的服务内容及相应服务水平

服务内容	关键绩效指标(KPI)	服务水平	免责事项
费用报销处理	报销处理周期	自系统单据流转进财务共享服务中心至完成会计核算处理 48 小时内完成(遇节假日顺延)	本地财务应按照要求提交相关资料和支持性凭证,因单据问题导致工单退回或挂起而引起的发票处理延迟,将不在正常服务水平考虑范围内
备用金借/还款处理	借/还款处理周期	自系统单据流转进财务共享服务中心至完成会计核算处理 48 小时内完成(遇节假日顺延)	本地财务应按照要求提交相关资料和支持性凭证,因单据问题导致工单退回或挂起而引起的发票处理延迟,将不在正常服务水平考虑范围内
备用金期末对账与分析	备用金分析报告提交及时	自关账完成后 5 个工作日内完成	因员工个人提交申请有误或未及时反馈备用金余额的情况导致的分析有误,将不在正常服务水平考虑范围内

本章小结

财务共享服务中心服务水平协议是运营的"桥梁"、起点和标准,其明确了双方的责任和义务,界定了双方的服务范围和水平,也是财务共享服务中心提高运营服务水平的参照物。所以,没有服务水平协议将很难提升财务共享服务中心的运营水平,因此,业界中"没有服务水平协议,都是集中核算"的说法也就不难理解了。

第3章 财务共享服务中心运营分析

财务共享服务中心的运营分析是指制定运营监控指标,获取运营数据,用数字量化反映财务共享服务中心的运营情况,对异常情况进行分析,辅助业务管理。其主要内容包括运营监控指标分析、运营数据管理和运营业务管理等。

3.1 运营监控指标

运营监控是指通过动态监控掌握财务共享服务中心的运营状况和管理现状,为领导提供辅助决策支持,进而提升财务共享服务中心的运营管理能力。运营监控指标是财务共享服务中心管理工作的核心内容,是指管理者运用可视化、可量化的指标,及时准确地掌握企业运营信息,进行分析决策、资源调配的管理活动。

3.1.1 运营监控指标的选取

财务共享服务中心运营管理评价是财务共享服务中心运营情况的关键和基础,其评价指标的选取不仅反映企业一段时间的战略实施成果,而且对企业将来的战略调整和规划也有重要作用。为了保证评价过程及结果的科学性,在进行财务共享服务中心运营管理评价指标选取时应该遵循以下几项原则,如表3-1所示。

表3-1 运营管理评价指标选取的原则

原则	含义
战略导向原则	评价体系的优化以及指标的选取应当从企业战略出发,根据不同的战略设计不同的评价方案,紧密联系企业目标
全面可比原则	财务共享服务中心与企业集团保持同步运行,从绩效评价的各个维度就其阶段性或定期运营状况进行横向和纵向比较,也是其实施成果的客观反映

续表

原则	含义
科学合规原则	评价方案的优化以及指标的选取必须遵循科学，遵循信息系统之间的协同逻辑关系，以及符合业务处理流程的会计原理，不能空有其名
可持续发展原则	在社会责任方面，企业应当积极承担建立绿色循环经济的重任，调整企业产业结构，加强环境治理

3.1.2 运营监控指标的内容

为了科学地确定财务共享服务中心组织的运营效果，客观评价财务共享服务中心的综合绩效，行之有效地推动财务共享服务中心服务质量的提高，应建立多视角、体系化的运营监控指标。这些指标需通过前期的调研梳理，结合企业自身的特点进行设置，满足企业个性化的管理需求。运营监控指标的视野不仅限于财务性指标，还着眼于自身内部的运转、客户的满意度反馈、整个财务共享服务中心的整体可持续性发展等方面。财务共享服务中心的运营监控指标，应既包括传统意义上的财务性指标，也包括与成长性相关的非财务性指标，如客户满意度指标、内部流程运营指标等。

1. 财务监控指标

财务共享服务中心的运营监控指标应包含对财务工作监控的指标。例如盈余收益、员工价值创造、成本综合节约率等，从成本、收益的角度对财务指标进行监控管理，审视财务共享服务中心的运营成果。由于财务共享服务中心的财务聚集并非传统意义上财务工作的"集中"，而更加强调的是"集成"的理念。财务共享服务中心的运营监控不仅服务于对已有财务工作效率、工作质量的考核，反映企业当前的经营情况，运营监控更是需要检验在实施财务数据集成后，是否能够对企业战略目标的实现有所帮助，是否能够通过财务数据集成形成具有前瞻性、预测性的判断成果，帮助企业管理者进行发展决策。因此,财务共享服务中心的财务监控指标应在考虑传统财务工作运营监控指标的基础上,将具有预测性的财务指标同样纳入其中,发挥财务数据共享集成的价值。

2. 组织管理监控指标

运营监控指标要对财务共享服务中心内部运营质量与效率进行客观全面的监控,这样能够实现通过监控指标的对比,可以直观、快速地了解组织运营管理情况。这类指标的设置至少应该能够实现有效反映财务共享服务中心日常工作的成果质量、运营体系流程的运转效率、财务共享服务中心的风险控制。

(1) 日常工作监控。为反映财务共享服务中心日常工作成果质量,能够全面考核财务共享服务中心日常工作的完成量、完成效率,指标颗粒度至少应细化到部门。视工作内容的重要性,可细化至小组甚至个人。设立该指标的目的是保证日常工作的优质有效完成,尤其是财务工作,如数据的及时、准确入账等。

(2) 流程运转效率监控。监测运营体系流程运转效率的指标,应能够通过指标监测,科学客观地监测流程处理的有效性、时效性。能通过指标的正常与否,直观地判断财务共享服务中心整体工作流程运转是否顺畅。在出现异常时,指标应有对应下属指标,能够深入微观节点对流程的具体运行情况进行查询和监控,通过微观节点监控指标的筛选快速、准确地找到问题的症结,及时地解决问题,保障财务共享服务中心工作流程的顺畅运转。例如,监控流程各节点的平均用时是否达到标准。当某一节点平均用时超过设计标准时,须及时调查超时原因,并及时通过增派人员、升级系统或改变局部工作流程等方式解决堵塞数据,避免因个别工作节点运营的不顺畅影响财务共享服务中心的整体有效运转。

(3) 组织水平监控。人员的技能管理水平和组织结构的科学水平直接影响着财务共享服务中心的服务水平和空间的优化升级。运营管理不仅仅着眼于对现有运营状况的监控,更需要通过监控指标服务于未来的发展需求,为未来优化决策提供数据支持。因此人员技能、组织水平的监控指标亦是必不可少。人员的运营监控指标侧重点在于对人员的技能水平监测及持续开展的学习培训,例如人员是否定期进行培训、人员培训时长是否达标、人员技能测试水平达标率等。对于管理人员的管理水平监测,则可以从财务共享服务中心人员的流动周期等指标进行反映。

(4) 运营风险监控。运营风险监控是指决策主体在运行过程中,对风险的发展与变化情况进行全程监督,并根据需要进行应对策略的调整。风险是随着内外部环境的变化而改变的,对于风险的监控是每个企业、团体必不可少的运营模块。因此,运营监控指标应包含风险控制性指标,对服务中的运营风险进行实时的监控,尤其是内部流程的关键节点,应明确岗位职责,有应急应对措施,能够监控、识别并记录风险出现的时间、频次及造成原因等,以便进行相应的优化、预防,保证财务共享服务中心的正常运转。

3. 数字化程度监控指标

数字化运营是财务共享服务中心提升效率的技术基础,数字化管理的水平制约着财务共享服务中心的整体业务的完成效率。因此对于财务共享服务中心的运营监控,有必要涵盖工作任务的数字化水平、自动化水平。例如,将监控数字化改革后某个专项业务的平均耗时与原来进行对比,以便了解数字化改造对该项工作效率提高是否有实际效果,目前的数字化水平是否可以满足业务功能需求,在未来是否有继续深入进行数字化改造的空间与需求。

在财务工作中,庞杂的数据录入工作占据了全部工作中的重要一项,同时财务数据也存在数据来源不同、数据口径不一致的情况,数据之间无法直接互通,缺少联动分析条件等多种问题。而通过财务共享服务中心集成财务数据,在一方面要提升财务数据的录入效率,另一方面是要通过数据标准化、集成化,提升数据的共享互通,提升数据的统一性、开放性,充分挖掘财务数据的价值。因此,运营监控指标应包含对财务数据的自动化、数字化的管理,例如财务数据录入的标准化程度、财务数据的引用率、财务数据作为关联性数据被取用的次数等。通过监控指标能够有效分析财务共享服务中心在数据录入和使用过程中数据的共享程度和利用率,以及是否提高了工作效率。这样就减少了人工的录入与干预,避免了信息的重复录入,真正提高了数据的使用价值。

4. 服务满意度监控指标

服务满意度是指在产品的售前、售中、售后以及产品生命周期的不同阶段采取的服务措施使顾客满意的程度的指标,是提供的服务与用户心理期望之间的差值。从严谨的角度讲,财务共享服务中心通常是一个单独的组织,具有对外服务的功能。因此,共享服务中心的运营监控要包含对外服务结果的监控,通过监控的结果为不断提升财务共享服务中心的服务水平提供决策支持。

财务共享服务中心对于其他部门需求的应答反应速度、工作水平、沟通是否顺畅等因素都可能影响到最终的服务效果指标。当监控指标出现预警时,例如投诉量攀升,监控指标设置的颗粒度应该能够确保可以追溯到引发问题的具体部门,以便运营管理部门能够迅速地联络相关部门并了解情况,进行有针对性的改进。这不仅是为了保证共享服务中心自身的工作质量,也是共享服务中心作为企业的组成部分,与企业其他部门提升协作水平的必要保证。

📍 **案例**

B 公司运营指标构建

B 公司日常运营管理体系在构建时从定性与定量、责任与权利、短期与长期、内部与外部、整体与局部这五个方面进行了结合，从多层面、多维度进行建设，以达到不断改进、不断完善和创新的目的。基于企业社会责任和平衡计分卡的指标体系，与企业总体战略相结合，从信息系统、员工管理等四个方面选取多个具体指标对财务共享服务中心的运营情况进行管理，促进其良性循环，具体的运营管理的维度及主要内容如表3-2所示。

表 3-2 运营管理的维度及主要内容

维度	主要内容
财务维度	如何降低成本，提升效益
客户维度	如何提升客户满意度，如何以最低成本服务客户
内部流程	业务处理效率、流程优化、支持内部流程的信息系统是否先进
学习与发展	员工能力、激励、授权与相互配合

从财务维度来说，通过建立财务共享服务中心，企业希望降低日常运营成本，提高经营效率。所以在选择财务共享服务中心运营评价指标的时候，从资本成本控制率、财务费用控制率两项指标出发，了解财务共享服务中心的日常经营状况，成本费用是否有所降低、企业经营效益是否有所提升等方面。

从客户维度来说，设立财务共享服务中心是为了更高效、更标准地服务于业务单位，提高财会信息质量。因此主要评价指标是从服务单位平均满意度、服务单位沟通效率、服务单位投诉率、投诉处理率、业务单位新增需求数量等几方面来分析，目的是为组织提供更好的服务，从而提升公司的经营效率和成果。

从内部流程维度来说,主要是从单据数量、支付金额、单据处理效率、单据处理差错率,以及共享系统可靠性等方面来分析设立指标。目的是提高工作效率,降低运营风险,提升财务共享服务中心员工的工作速度和准确度,从而达到流程优化、财务共享服务中心有效运行的目标。

从学习与发展维度来说,学习与发展维度是前三个维度的基础构架,更是上述三个方面取得成效的动力。如今市场竞争环境激烈,企业和员工只有不断学习和创新,才能推动财务共享服务中心的流程优化与整体发展。所以进行运营管理工作主要从创新能力、员工培训率、员工轮岗率等指标进行评价,反映财务共享服务中心在人才培养以及团队建设等方面所做的努力是否有成效,为提高财务共享服务中心的工作效率和质量提供意见与建议。

所选取的四个维度指标之间是相互联系、相互促进的。选取财务与非财务指标相结合的方法,可以全面地评估财务共享服务中心的运营情况,具体指标如表3-3所示。

表3-3 运营管理具体指标

具体指标	指标说明
资本成本控制率	实际成本/目标成本
财务费用控制率	实际财务费用/目标财务费用
服务单位平均满意度	服务单位对服务质量给出的平均分
服务单位沟通效率	沟通回馈及时性和解决问题的效率、效果
服务单位投诉率	服务单位投诉次数/总业务量
投诉处理率	当期处理完成的投诉/总投诉量
业务审批环节超过2个工作日未处理的单据	未进入财务共享服务中心
业务单位新增需求数量	财务共享服务中心是否可以满足业务单位日常核算需求
累计单据量	统计期间内累计收到的单据总量
累计支付笔数、累计支付金额	统计期间内累计进行支付的单据笔数和金额总数

续表

具体指标	指标说明
已进入财务共享服务中心超过 2 个工作日未处理的单据量	从进入财务共享服务中心到当前统计时间
已完成单据中财务共享服务中心的平均处理时长	具体分类有：涉及付款单据和不涉及付款单据；含外部协同单据/不含外部协同单据
单据退回率	被财务共享服务中心退回的单据/已审核单据总数
单据处理差错率	财务共享服务中心处理单据错误量/总业务量
系统稳定性	
创新能力	员工提出的创新观点经领导审批通过后实施的个数
员工培训次数	统计期间员工培训的次数
员工轮岗率	轮岗员工/共享中心员工总数
员工激励	

3.1.3 运营监控指标的设置

1. 确定运营监控目标

确定监控指标的第一步就是制定监控目标。监控目标应当参考企业战略愿景和发展目标。监控指标是对财务共享服务模式下企业的战略目标在企业的各业务部门、员工间进行的层层细化和分解。确定共享服务中心监控指标的前提是要明确企业财务共享服务中心的战略目标和预期效果。不同的企业对财务共享服务中心的目标、效果期待有所不同，针对不同的目标需要有侧重点地确定相应的运营监控指标。

2. 分析运营监控需求

运营监控的目标确定后，需要按层级进行划分，细分成不同层级的、具体可行的小目标。这些目标将成为运营监控中的重要衡量标准。通过小目标的确定，可以进一步将工作流程的设计、工作岗位的职能要求等与细分后的小目标进行对照，从而确定各级部门具体的运营监控需求。

3. 初步确定监控指标

运营监控指标的确定，包括旧指标的筛选和新指标的添加。已有监控指标无疑是经过企业运营过程检验的，尽管这些旧的监控指标可能存在种种弊端，已无法完全与新形势的需求相适应，但是对旧有指标的梳理和筛选是必要的。一方面，这可以帮助指标制定者在梳理筛选的过程中，对公司的运营管理有更深入的理解，更好地把握企业的个性化需求；另一方面，也可以在此过程中充分总结旧有指标无法充分反映运营状况的缘由，从而在设置新的监控指标时能够有所借鉴。通过梳理，留下可用的旧有监控指标，剔除与共享服务中心运营模式不相符的监控指标，准备下一步的工作。

新添加的监控指标应满足客观、全面的要求，是以新的工作流程为基础的监控指标体系。对于关键节点的把握，要以新的工作流程为基础，尤其需要监控在工作流程发生变化的过程中新增的工作内容，监控新的工作内容在财务共享服务中心运营过程中，尤其是初始阶段，其是否能够与原有工作业务有效对接，是否能顺畅运行，是否实现了效率的提高等问题尤其需要被关注。对此，需要监控数据予以支持，以便得到可评价的数据。

4. 最终筛选、确定运营监控指标

财务共享服务中心可以通过以上步骤获得大量的运营监控指标，但同时监控所有的指标对于企业来说并非易事，并且也可能降低整个运营监控过程的效率。因此，在这种情况下需要对已获得的监控指标进行分类划分，对其重要程度进行梳理，将已获得的监控指标分为长期的、关键性的、阶段性的指标或可删减的辅助监测指标。此时要根据运营需求，优先选取更为关键的监控指标，使运营既能达到监控的目的，又能够有效地节省企业的成本，提高运营管理的效率。这部分指标被称为关键运营监控指标，也就是通常所说的KPI。在选取财务共享服务中心KPI的时候，需要注意选

取的 KPI 是否能够完整包含运营管理所需的内容，是否紧密贴合财务共享服务中心的组织目标。

5. 建立运营监控指标的评价更新机制

已完成的监控指标体系并非是一成不变的。由于运营监控目标会随着时间的推移、公司发展目标的变化、财务共享服务中心功能的变化发生改变，与之相对应的监控指标也需要随之更新。例如，在财务共享服务中心建立之初，运营管理的一个重要目标是保障新成立的财务共享服务中心能够有效运营，与企业其他部门能够有效对接，此时运营监控的侧重点在于新的工作流程能否顺利运转，工作效率相较旧的模式是否有所提升，是否达到了建设财务共享服务中心的目标。但在财务共享服务中心顺利运营一段时间之后，财务共享服务中心能否顺利运营已不再是运营监控的重点，而对运营质量和运营效率的侧重度会逐步提升，运营监控的重心也可能会转向财务共享服务中心是否存在自我优化和提升的空间上来。为了满足运营管理重点的变化，运营监控的指标需要有配套的更新机制，在运营目标或重点发生变化时，能够对运营监控的指标进行更新迭代，保证财务共享服务中心的运营活力。同时，应该设立配套的运营指标评价机制，以确保运营指标设立的科学性。通过评价反馈，及时调整设置合理性不足的指标，保证运营监控系统能够实现自我完善和持续性更新。

3.2 运营数据管理

运营数据管理是指对不同类型的数据进行收集、整理、组织、储存、加工、传输、检索的过程，它是计算机应用的一个重要领域。其目的之一是从大量的原始数据中抽取、推导出对人们有价值的信息，然后利用信息作为行动和决策的依据；而其另一目的是借助计算机科学地保存和管理复杂的、大量的数据，以便人们能够方便而充分地利用这些信息资源。数据管理是数据处理的核心，包括对数据的组织、分类、编码、存储、检索、维护等环节的操作。财务共享服务中心的建立需要依靠数字信息技术和电子通信设备的支持，其中无论是简单的业务核算，或是复杂的财务管理，每个业务流程都依赖于数字信息技术的应用。可以说，数据管理的水平决定了财务共享服务中心的运行效率。

3.2.1 运营数据标准化

运营数据标准化首先要实现的是对数据的收集进行规范化管理，统一数据口径，在数据进入系统之前，应形成统一的数据逻辑关系，标准的数据格式，以便日后数据的取用互通。在运营数据管理过程中，数据信息的收集往往缺少统一的规范化标准，各公司或部门从各自需求出发，信息管理系统中存储的数据逻辑关系往往存在差异，即使是相同的指标数据，存储在不同的模块系统中导出的结果也会出现不一致。如此一来，原始数据经过不同系统录入处理后，导出的结果常常无法直接被其他部门取用，在进行数据的统计或使用时，需要人工的干预，这种情况极大地阻碍了数据的共享。由此，共享服务中心的运营数据管理，首先要规范不同部门录入的原始数据，例如信息管理系统数据、手动输入数据、传输文档数据等，保证录入原始数据的准确性、完整性，格式的一致性。其次，要设立通用的数据逻辑结构，原始数据在不同的部门运转中可以存在差异，但数据在进入存储库前应进行必要的处理，以保证数据在输出端口能够被组成通用的数据逻辑结构，以便不同部门在相互调取所需数据时，调取到的数据具有标准化的逻辑规则,便于财务共享服务中心打破数据的流通壁垒。

3.2.2　运营数据存储

运营数据的存储与调用规则,也影响着运营管理数据能否实现有效共享。传统运营管理数据,往往以部门为单位,不同的运营管理数据分散储存在不同的信息系统中。尽管实现了信息化,但实际上各个系统之间相互独立,缺少信息的共享,没有在真正意义上实现数据的共享互通。由于多头信息存储,信息缺少互通性,甚至有时会出现公司内部不同信息系统间对于同一对象的数据产生矛盾的现象。财务共享服务中心的运营数据要求集成共享。运营数据的集成共享,并非要求数据必须严格统一存储于同一台服务器。大型企业的日常运营管理数据十分庞杂,如果全部集中存储于单一服务器,不但对硬件设施要求高,并且其存储量有限,设施升级周期将会变短,使运维成本增加。数据集成管理的思想不是要将庞杂的数据集中在一起,形成"堰塞湖",而是要将不同部门的信息"孤岛"联通起来,保证数据的流动性。因此运营数据的存储位置不是信息集成管理的关键,存储运营的关键在于不同运营存储数据库之间是否形成联动。不同数据库之间的数据,应不仅可以在财务共享服务中心内按权限级别被查阅、共享,并且应当具有联动关系。当数据发生变化时,该数据所归属的管理部门应收到数据的更新通知,能够在第一时间了解数据更新的情况,并且在经过该数据管理部门的同意后,该数据即可完成更新。例如,根据财务共享服务中心建立的运营数据管理规范,归属 A 部门管理的数据,由 A 部门进行原始数据的录入和存储。当 B 部门需要取用时,应通过统一的数据管理平台从 A 部门的数据库进行调取。调取的数据如属辅助参考,则无须返回。如果 B 部门的业务内容对此项数据的内容产生了影响,引起数据发生变化,

B 部门不可单独存储更新数据，而应将更新后的数据反馈给 A 部门，由 A 部门确认对数据的更新，并对更新原因及相关内容进行记录。数据的联通保证了数据在实现信息共享的同时，不会因为数据的调取使用，造成因多头存储、更新信息不对称而导致的财务共享服务中心内部信息冲突等问题。

3.2.3 运营数据安全

运营数据风险是指财务共享服务中心的数据在传递、存储和共享过程中可能面临的风险。由于财务共享服务中心高度依赖于数字化信息技术，因此很多核心机密都会以电子数据的形式存储和传递。而由于许多业务的处理过程中会产生财务共享服务中心内各部门之间、多机构之间的数据传递，这就加剧了数据风险。并且财务管理越集中，管理运营规模越大，数据风险就越大。因此重视数据风险并采取防范措施尤其重要。需要从可能导致数据风险的因素着手事前把控，尽可能地降低风险。

(1) 人员层面。加强人员控制，从制度上和人员水平上减少数据泄露的风险，例如，建立员工操作规范，与员工签订保密协议，严格管理制度，对员工进行岗前培训等，避免因人为因素引发风险。

(2) 硬件设备层面。设备自身的安全性也影响着数据存储的安全。设备设施不但要防范数据泄露的风险，同时也要保证数据存储的安全，避免因设备设施出现事故造成数据的丢失损毁。设备的选择应充分考虑设备性能的稳定性与安全防护性。应选择安全性、稳定性高的设备设施，建立服务器的定期安全巡检制度，建立设备设施安全使用规范，定期完成设施维护，排除故障。

(3) 技术层面。技术层面是运营数据安全管理的主要部分。选择安全系数高的数据运营系统，建立可靠的网络安全保护方案。成立专业安全技术保障团队，定期对系统进行巡检、更新，建立多层次的安全框架，强化关键环节的安全防范等。

案例

财务共享服务中心运营指标设计

财务共享服务中心运营指标设计通常包括整体指标和具体指标两个部分。

（一）整体指标

财务共享服务中心整体指标主要包括财务共享服务中心的被服务单位个数、被服务单位人数、业务组个数和各业务组人员分布等，主要体现财务共享服务中心的人员规模及财务共享服务中心的业务量。财务共享服务中心整体指标及其说明如表3-4所示。

表3-4 财务共享服务中心整体指标及其说明

指标名称	指标说明
被服务单位个数	显示当前财务共享服务中心所服务的单位个数
被服务单位人数	统计被服务单位的在职人员数量
业务组个数	显示当前财务共享服务中心的业务组个数
各业务组人员分布	统计显示当前财务共享服务中心各业务组及相应操作员人数
中心人数	统计财务共享服务中心在当前有效的业务组下，有效的操作员数量
人均处理量	本年业务量/中心人数，四舍五入取整
一次性通过率	财务共享服务中心本年的一次性通过率
本年中心效率	本年已处理业务在财务共享服务中心处理的平均耗时
本年及时完成率	及时完成业务处理量/本年已处理业务量×100%，四舍五入取百分比整数

(二)具体指标

1. 财务共享服务中心业务量指标

财务共享服务中心业务量指标主要包括财务共享服务中心的本年接收量、本年已处理业务量、本年业务完成率、本年各月业务接收量趋势、及时完成业务处理量等,如表3-5所示。

表3-5 财务共享服务中心业务量指标

指标名称	指标说明
本年接收量	统计本年财务共享服务中心接收的业务量
本年已处理业务量	统计本年财务共享服务中心所处理的业务量
本年业务完成率	本年已处理业务量/本年接收量×100%,四舍五入取百分比整数
本年各月业务接收量趋势	统计本年财务共享服务中心各月接收的业务量
本年各月业务处理量趋势	统计本年财务共享服务中心各月处理的业务量
及时完成业务处理量	统计当前财务共享服务中心本年已处理的业务中,财务共享服务中心耗时5天以内(含5天)完成的单据、凭证数量
超期完成业务处理量	统计当前财务共享服务中心本年已处理的业务中,财务共享服务中心耗时5天以上(不含5天)8天以内(含8天)完成的单据、凭证数量
严重超期业务处理量	统计当前财务共享服务中心本年已处理的业务中,财务共享服务中心耗时8天以上完成的单据、凭证数量

2. 财务共享服务中心业务分析指标

财务共享服务中心业务分析指标主要包括财务共享服务中心本月中心效率、上月中心效率、效率变动等,如表3-6所示。

表3-6 财务共享服务中心业务分析指标

指标名称	指标说明
本月中心效率	本月已处理业务在财务共享服务中心处理的平均耗时
上月中心效率	上月已处理业务在财务共享服务中心处理的平均耗时
效率变动	与上月中心效率相比,本月中心效率的变化百分比,体现财务共享服务中心业务处理效率的提高

3. 财务共享服务中心各业务组业务情况

财务共享服务中心各业务组业务情况指标主要包括业务组名称、各业务组本日业务接收量、各业务组本日已处理业务量、各业务组待处理业务量和各业务组本日中心效率等,如表3-7所示。

表3-7 财务共享服务中心各业务组业务情况指标

指标名称	指标说明
业务组名称	显示当前财务共享服务中心各业务组的名称
各业务组本日业务接收量	统计各业务组当日接收的业务量
各业务组本日已处理业务量	统计本日财务共享服务中心所处理的业务量
各业务组待处理业务量	统计当日财务共享服务中心各业务组内人员的待办数量及归属于各业务组的岗位待办数量
各业务组本日中心效率	统计当前业务组本日处理业务的效率
各业务组及时完成业务处理量	统计当前财务共享服务中心各业务组当日已处理的业务中,在财务共享服务中心环节耗时5天以内(含5天)完成的单据、凭证数量
各业务组超期完成业务处理量	统计当前财务共享服务中心各业务组当日已处理的业务中,在财务共享服务中心环节耗时5天以上(不含5天)8天以内(含8天)完成的单据、凭证数量
各业务组严重超期业务处理量	统计当前财务共享服务中心各业务组当日已处理的业务中,在财务共享服务中心环节耗时8天以上完成的单据、凭证数量
业务组任务池待分配数量——当天进入任务池的任务数量	显示任务池中待分配给当前业务组的任务数量中,当天进入任务池的任务数量
业务组任务池待分配数量——已进入任务池2~3天的任务数量	显示任务池中待分配给当前业务组的任务数量中,已进入任务池2至3天的任务数量
业务组任务池待分配数量——已进入任务池超3天的任务数量	显示任务池中待分配给当前业务组的任务数量中,进入任务池已超3天的任务数量
业务组负荷程度	显示小组的任务负荷程度:0级、1级、2级、3级、4级

3.3 运营业务管理

运营业务管理是指对公司经营过程中的生产、营业、投资、服务、劳动力和财务等各项业务,按照经营目的,执行有效的规范、控制、调整和管理活动。财务共享服务中心的业务管理更需要注意与传统财务部门之间的运营差异,避免直接套用原有财务部门的运营模式。

3.3.1 转变运营思维

财务共享服务中心通常是一个单独的组织,兼具了分散和集中两方面的优势,因此要合理利用其在组织和流程方面的效率性和灵活性,而其运营管理方式也需要转变思维。在传统企业运营管理中,针对不同阶段财务运营的管理目标和业务现状制定了多种运营管理办法,在一定程度上提高了运营管理水平,但部门之间沟通不畅、协作困难的问题仍然存在。例如:预算编制,缺乏对项目的实际指导作用,成本费用归集不全,不能覆盖企业全部的运营成本;经营考核的级别为部门,考核颗粒度不够细化;经营考核收入确认复杂,非全成本核算,未能真实反映实际盈利状况及企业整体经营情况;对财务合同的管理不当,导致无法及时了解和掌握相关项目进展程度,导致合同收付款时间与项目进展不一致;财务无法及时掌握项目的收支情况,经常发生成本不可控的现象,而且在阶段性成果完成后无法进行合同应收款预警;统计数据来源于各系统,数据源不统一,统计口径不一致,降低数据可信度,且由于标准不统一,降低了数字化管理的效率,难以完成经营预警的目标。

传统财务管理运营通常在微观层面开展财务活动,缺少对企业长期战略发展目标的贡献。传统视角下的财务工作重核算、轻管理，财务活动集中在事后的结果统计与记录方面，得到的财务数据多用于向外部利益相关者解释财务状况以及盈利能力，不能及时地为企业决策提供有价值的参考信息，对经济效益提升方面的贡献甚少。为促进企业集团的发展，实现战略目标，需要从观念、实践等多个方面基于企业战略的视角开展财务运营活动，提升财务管理的战略化，置身于企业战略决策中重视财务管理，以企业总体合作及企业战略为基本环境，实现财务信息、财务运营的共享化服务，实现资本在组织内部的有效管理与应用。在传统企业经营中，财务与业务作为相互独立的两个部门，二者交集极为有限。在新常态下，财务与业务的一体化需要得到更多的重视。

3.3.2 运营流程再造

运营流程决定了财务共享服务中心的运营质量。企业流程是指企业为完成某一目标(或任务)而进行的一系列逻辑相关活动的有序的集合。流程再造全称为企业流程再造，流程再造的定义是："企业流程再造就是对企业的业务流程进行根本性的再思考和彻底的再设计，从而获得可以用诸如成本、质量、服务和速度等方面的业绩来衡量的显著的成就。"财务共享服务中心是基于流程再造理论发展而来的，相比于传统的财务集中管理，财务共享服务中心的优势就在于对流程的重新设计和优化，使之与企业新的需求相适应。同时，流程管理也是财务共享服务中心实现有效管理的关键所在，只有财务流程适应企业的业务发展，适应信息技术的更新换代，才能更好地使数字化技术为企业财务管理服务，为企业的经营决策提供支撑参考。

财务共享服务中心实际上是对传统会计业务流程的再造。在企业中，能贯穿各个业务流程的管理活动就是财务控制。在财务共享模式下，需要形成新的财务控制体系，使之融入企业的各个业务流程之中。财务共享服务中心的关键是流程的共享，流程共享的水平高低和科学与否直接决定了财务服务是否成功。因此在企业运营财务共享服务中心之前，应当对企业现有的财务情况进行梳理总结，对企业的业务需求进行具体的调研分类，根据实际情况制定可行的财务共享流程。只有准确、到位地进行自我诊断，科学分析企业现阶段的主要目标及未来发展的需求，在此基础上运用科学的手段对现有流程进行分析，判断其在未来财务共享中的实用性，并进一步甄别、筛选创建新流程的必要性及可行性，才能使得未来建立的财务共享服务中心符合企业自身的业务需求，能够顺利地运营运转，达到降本增效的目的。在对流程再造需要以组织结构为出发点，对不完善的部门的制约因素予以充分、深入考量与权衡，对业务流程规划、再造详情以及与企业的匹配程度等多方面予以分析，明确责任目标的同时，实现对流程的优化再造。

3.3.3 优化人员管理

人才管理是财务共享服务中心成功运营的关键。优秀的人才能够从繁杂的工作中总结规律，用创新方法优化流程，甚至可以为部门发展贡献有价值的建议。反之，如果用人不当，或者无法很好地实现人员管理，可能会导致财务共享服务中心的工作任务无法顺利完成，再完善的工作流程都无法落地实施，财务共享服务中心的运营也会问题频出。可以说，人员管理对于财务共享服务中心的顺利运行起到了至关重要的作用。

首先是人员岗位的科学配备。人员组织架构的设计构成并非独立存在，而是依赖于其他模块：战略定位是人员岗位的设计依据；业务流程决定人员岗位的配备和岗位权责；数字化水平决定岗位人员的数量需求。因此人员岗位的设计一定是在财务共享服务中心流程改造方案完成后，战略定位和工作流程已经明确的前提下设立的。人员的配备需要充分考虑企业的数字化水平、岗位的技能要求以及未来可持续发展的计划。人员组织设计不是一张简单的组织结构图，其目的是围绕核心业务建立强有力的组织管理体系，降低组织管理成本，增强组织应对环境变化的灵活性，达到提高组织运作效率的目的。组织设计的实现需要具体人员的填充，每一个岗位上的人员都需要切实发挥自己的岗位职能，才能确保组织设计价值的发挥。一方面，通过资源整合，把原本分散于财务部门的人员聚集到财务共享服务中心，需要进行职业指导和培训，以便更快地进入岗位角色，保证财务共享服务中心平稳运营。其次，人员素质能否不断提升是财务共享服务中心自身能否不断发展成长的重要因素。因此，财务共享服务中心须针对不同岗位需求，对在岗人员建立持续性的学习培训计划，有计划、有周期、分层次地进行培训学习，保证岗位人员技能的不断提升，能够与财务共享服务中心的运营水平保持同步。

3.3.4 完善运营制度

制度本身是一种规范和约束，能够起到提高组织效率，保证组织正常运营的重要作用。因此上至集团企业整体，下至各个部门都设有相应的管理制度。财务共享服务中心需要制度的约束以保障业务的稳定运营，同时监控财务共享服务中心的各项指标，及时发现运营过程中的风险，确保企业战略目标的实现。财务共享服务中心的流程再造决定了原有的运营模式和运营制度必须做出调整。在财务共享模式下，财务工作将更加规范化、标准化、数字化，不仅会提高工作效率，也会减少企业的运营成本。不同于传统模式下的财务制度设置，财务共享服务中心的运营制度视角更广，包含的内容更多，需要对业务、人员、文档、现场、服务和绩效等多方面进行管理。与此同时，新的运营制度也需要充分考虑到财务共享服务中心的服务性质，充分重视服务满意度及结果反馈，从制度上提升其重要程度。

本章小结

财务共享服务中心的建设和运营，势必将为企业财务管理组织架构带来巨大变化，业务流程的再造不可避免。与此同时，财务共享服务中心的运营视角与运营模式也需要做出调整。运营归根结底是通过人的参与，实现制度的落实、流程的运转，因此运营分析需要从全面的视角，以人为核心，结合企业战略发展需求进行全方位考虑。

第4章 财务共享服务中心运营人员管理

　　财务共享服务中心运营人员是对在运营过程中从事业务管理的基础服务人员、掌握核心技术的骨干人员和负责共享服务中心各部门日常运营管理的管理人员的统称。针对这三类人员须根据其可替代性、流动性、专业性进行差异化管理，全面调动财务共享服务中心的运作积极性，形成其独特的服务、监督双角色的企业文化。

4.1 人员管理

在财务共享服务中心，人是最重要的财富和资源，人员管理是财务共享服务中心维持稳定运行的重要保障。人员管理要从人员选聘入手，有针对性地根据不同需求进行人员招聘，通过差异化管理，全面调动财务共享服务中心的运作积极性。人员管理就是要发现、选聘、使用和培养最合适的人才，充分调动人的积极性，达到人尽其才、提高工作效率、实现财务共享服务中心整体发展的目标，如图4-1所示。

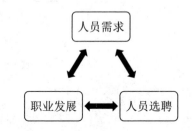

图4-1 财务共享服务中心人员管理

4.1.1 人员需求

财务共享服务中心运营期的人员需求大致可分为三类，即基础服务人员、核心骨干人员和管理人员。三类人员在很多方面存在差异，需要有针对性地对其进行差异化管理。

(1) 基础服务人员是指负责财务共享服务中心应收、应付、资金、费用报销、总账、资产等基础核算业务的基层员工，上述业务是将财务原有的核算职能进行专业分工后的产物。基层员工依据前期已经形成的标准化、规范化、同质化的操作流程进行工作，为所服务的企业提供标准化的财务服务，承担传统流水线工人的角色。随着标准化的深入，信息技术的广泛使用，传统核算业务在财务共享服务中心将越发简洁、高效，基础服务人员的工作无限趋于单一、重复、枯燥，其可替代性高、流动性大等特点将越发明显。

(2) 核心骨干人员是指财务共享服务中心的专家型人才。核心骨干人员熟悉企业经营管理、精通财务共享服务中心运营流程，具有很高的专业素质，可以对财务共享服务中心业务处理流程提出优化意见，解决日常运营中碰到的业务问题，具有较强的创造性。其可替代性和流动性都较低，基本上承担的是车间主任的角色，属于运营中的中流砥柱。

(3) 管理人员需要负责财务共享服务中心整体的正常运营、人员的培训管理与绩效提升，挖掘增值服务的内在价值。管理人员需要熟悉业务发展最新动向，系统掌握会计、财务管理、企业管理等专业知识，熟练掌握财经法规和《企业会计准则》，具有系统性、全局性、前瞻性的思维能力，在财务共享服务中心承担领导角色，引领和推动财务共享服务中心全面发展。

4.1.2 人员选聘

基础服务人员从事的工作单一、重复、枯燥，对工作要求的技术含量较低且熟练度要求较高，对人员的专业水平要求也相对较低。因此对于基础服务人员选用要求的专业门槛较低，只要掌握基本的会计专业知识并具有一定的信息化水平就可胜任。但考虑到基础工作是财务共享服务中心的运营基础，基础服务人员的流动性必须在可控范围内，避免因频繁流动，降低整体工作效率。同时，基础服务工作人员也是财务共享服务中心骨干业务人员的重要选拔来源。在选用过程中，应考虑到聘用人员的选拔提升空间，保证运营管理团队的人才储备。因此，基础服务人员的选用主要可以从两个方面着手。

一是无法跟上财务转型的年长传统财务人员。基础服务人员本身的业务内容就是以基础核算业务为主，传统财务人员只需进行简单的系统操作培训即可上岗。这类人群是基础服务人员的"基本盘"。该类人员从事基础服务业务有以下三点优势。

(1) 进入角色速度快。传统财务人员熟悉财务业务，无须过多的业务培训，重点在于适应服务中心的工作模式，培训上岗周期短。

(2) 可以带徒新员工。传统财务人员工作多年，对工作的适应性强，能够很快适应现有工作要求，有余力通过以师带徒形式帮助不熟悉财务业务的新员工。

(3) 具有稳定性。传统财务人员自身长期从事财务基础业务，重视自己的行业经验，在工作内容的选择上具有惯性，一般不喜欢工作内容发生太大的变化，而且心态趋于平稳，不易在短期内频繁跳槽，一定程度上保证了财务共享服务中心人员的稳定性。

二是院校的应届毕业生。高校学生刚刚离开校园，保持着较强的学习能力，在面对新事物时有较强的学习意愿，乐于接受培训，并且在入职后经过短期培训能够快速上岗。但该类人员从事基础服务业务存在以下三点弊端。

(1) 不熟悉业务工作。大多数高校学生虽然具备一定的理论基础知识，但对于自身要从事的行业工作缺乏业务实践经验，在工作实操中遇到问题时往往因为没有应对经验而会感到紧张无措，不能快速地找到问题的症结。

在上岗前仅仅经过针对性培训,对财务业务的整体流程熟悉程度不足,难以独当一面,无法提出优化意见。

(2) 成长空间受限。基础工作本身性质单一,在经过初期对业务流程的熟悉之后,大部分毕业生能够在一段时间完成从学生到财务人员的转换,业务能力和熟练水平也会随之提高。但由于基础性工作本身的限制,其业务的成长空间十分局限,基础服务工作提供给他们的成长空间太小。优秀的高校毕业生是财务共享服务中心培养选拔未来的管理人才的重要来源,成长空间的局限不但不利于员工自身的成长,更对运营人才的培养选用造成了阻碍。

(3) 人员流动性高。高校应届毕业生群体对自己的职业发展缺少规划,毕业时的第一份工作常常是基于就业的刚需,而非出自对自身的长久打算。这就造成该群体人员在进入岗位后,常常会由于工作的压力、职场与学校的差异等原因产生心理落差。理想与现实的差距,可能造成部分学生选择跳槽,以改变工作单位的形式弥补落差感。与此同时,高校毕业生作为基础服务人员,在刚进入职场时,因为其工作能力的不足,可以接受较低的薪资。但是在一段时间后,尤其是当其已经熟悉基本财务业务,并且感受到成长空间的受限后,如果没能及时在薪资水平或者自身发展空间上得到满足,往往会选择离职。这个阶段出现的时间不会太远,通常在两年内。这就会加剧财务共享服务中心基层服务人员的流动性,增加员工的人力聘用、岗位培训等成本。

因此,基础服务人员的招聘应充分考虑年长传统财务人员的人员稳定性、思维固化性和高校应届毕业生的高流动性、思维创新性的优劣特点,优化人员结构,以一定比例混合招聘,在满足正常运营的基础上,降低人工成本。对于基础服务人员,也要提供可行的上升通道,通过考核选拔,能够让优秀的基础服务人员进入更高层次的岗位,形成激励机制,留住人才。

核心骨干人员需要具有较高的专业素质，同时对财务共享服务中心需要有全面的了解。考虑到骨干人才对财务共享服务中心业务熟悉程度的要求，以及需要对企业有较强的忠诚度和归属感，以保证核心骨干群体的稳定性，因此内部人才选拔应是核心骨干人员的主要来源，并且其选拔对象面对的也应是基础服务人员中的优秀者。该类人员长期从事财务共享服务中心一线工作，熟悉基础业务，对财务共享业务有较全面的了解，一旦遇到问题，能够更快地找到症结并提出解决方案。这样的人员，通过经验积累和知识技能拓展进行二次转型，可以成为财务信息化、标准化、流程化的专业复合型人才。同时，在选择外聘方式补充核心骨干成员时，应充分考虑聘用人员的综合能力以及对财务共享服务中心管理模式的适应性。因此建议优先选择具有财务共享服务中心建设或运营经验的人员，此类人员一方面对财务共享模式适应性更强；另一方面会为管理团队带来新的运营管理思路。在财务共享服务中心建设初期，财务人员应参与建设，通过熟悉财务共享服务中心的构造，学习建设理念、目标，可以较完美地实现传统财务向共享财务的过渡。

管理人员的日常决策左右着财务共享服务中心的运营方向，因此对管理人员水平提出了更高的要求。管理人员需要具有管理和业务的双重能力，尤其更要注重管理能力。因此，招聘管理人员时建议重点考察其团队管理能力与思维的全局性、前瞻性。其人员来源可以分为以下两个部分。

一是内部选拔。在财务共享服务中心运营初期，管理人员可选用建设期间表现突出者。在财务共享服务中心初期建设阶段需要管理人员具备统筹管理协调的能力，对财务业务素养要求也较高。在此期间能够有效解决建设中遇到的问题，并推动财务共享服务中心建设的人，有能力担当高层次的管理者。在财务共享服务中心正常运转阶段，核心骨干人员是管理人员的重要选拔储备来源。核心骨干人员熟悉共享中心业务流程，通过管理岗位的锻炼，管理能力也得到了有效验证，在这之中选拔管理人员，具有熟悉中心情况、企业归属感强、进入角色快等优势。

二是采取对外招聘的形式。对外招聘人员的筛选难度大、可选择范围小、人力资源成本也比较高，并且外聘人员在进入财务共享服务中心后需要一定的时间熟悉业务，适应工作环境，进入角色的速度相对较慢。但是外聘人员往往会为中心带入不同的管理思维，能够从新的角度审视中心运营情况，可以为财务共享服务中心带来新的管理理念，避免财务共享服务中心运营思维僵化。

4.1.3 职业发展

人才培养的宗旨就是在同质化的业务中发掘出差异化的发展通道。财务共享服务中心的高质量运营既需要高水平的管理人员统筹运作，也需要具有扎实技术能力的技术骨干人员把控业务质量，因此财务共享服务中心的职业发展应从管理和技术两个方向考虑建立职业发展通道。

为保证财务共享服务中心运营管理团队的可持续、可发展，需要建立管理和技术两个方向的人才发展培养体系。首先，要对管理和技术方向人才的选用目标加以明确，有客观的考核指标标准。这个指标标准不仅是该方向人员选拔的考核标准，也是尚未达到该水平的员工的提升方向。其次，建立客观、公正的选拔考核机制。通过定期、不定期的考核，对部门推选的优秀员工进行考核选拔。建立长效的考核机制不仅有利于财务共享服务中心运营团队的持续补充与更新，也是对全体员工的激励和鞭策。最后，晋升是财务共享服务中心战略发展与个人职业追求相结合的连接点，为此，财务共享服务中心应该定期组织学习、培训。例如可以采取聘请外部专家开展讲座培训或邀请内部优秀员工进行经验分享的方式，鼓励和帮助员工更快地实现自身能力的提升,成为财务共享服务中心的储备人才。

在制定管理型和技术型职业人才培养方案时,要结合不同岗位方向的需求有所侧重。例如,有管理才能的财务人员,既可以通过财务共享服务中心内部职位晋升,又可以通过输出到基层单位或战略财务的方式实现个人发展。专业知识强、业务水平高的财务人员,可以在专业领域不断深入钻研,成为专家甚至权威,以"高、精、尖"发展为目标,承担共享财务的政策研究职能。

 案例

B 公司人员轮岗方案

财务共享服务中心作为人才培养中心,对财务人员的基础技能进行培养和夯实;同时基于专业化分工和技能框架的要求,配套人员培养机制和人员发展通道,财务共享服务中心最终将形成一支专业扎实、结构合理、规模适当、发展路径清晰的财务共享专业团队。专业化岗位轮换的目标主要包含以下几个方面。

一是为新入职员工和基层员工提供不断学习新的业务技能的机会,提升员工综合技能和素质;通过多岗位锻炼,开拓员工视野,积累业务经验;二是从人力资源管理角度,关注员工职业发展规划;三是在业务和人事条件均允许的情况下,实现财务共享服务中心与外部单位的人才交流;四是为财务共享服务中心以外的单位输出人才,同时也为财务共享服务中心引进新的人才。

一、轮岗方式

财务共享服务中心人员在具备相应基本技能和经验的基础上,应进行岗位轮换。除财务共享服务中心负责人外,根据实际业务情况,财务共享服务中心各岗位人员实行轮岗制。

内部岗位轮换：根据财务共享服务中心处室的设置情况，财务共享服务中心每年针对部分岗位开展专业化岗位轮换，轮岗方式包括财务共享服务中心处室(组)内部、各处室(组)之间的岗位轮换。在条件允许的情况下，可在财务共享服务中心和外部单位之间展开岗位轮换，实现人员交流和输送。财务共享服务中心通过大量的、标准化的专业运营来实现规模效应，并培养基本功扎实的财务人员，为各单位和相关部门输送优秀的财务人员。

二、轮岗条件

财务共享服务中心组织轮岗时，应明确条件，不能随意开展岗位轮换。轮岗条件应综合考虑人员培养及业务运营的需要，并确保业务推进的稳定。对于申请岗位轮换的员工，应全面考虑以下条件。

(1) 专业技能。申请人应满足目标岗位专业技能需要，掌握基本的财务会计基础理论和专业知识，熟悉并能正确执行有关财经政策、会计法规及公司财务制度，并能独立完成目标岗位的财务工作。

(2) 从业经验。申请人应熟练掌握会计业务，满足从事目标岗位的相关财务知识，具备接替岗位的能力，并有一定的职业判断能力。

(3) 工作年限。为确保共享中心运营稳定，保证服务质量，轮岗申请人应在财务共享服务中心工作满1年，或在基层单位工作满半年。

三、轮岗流程

(1) 岗位确定。财务共享服务中心每年应综合考虑各岗位实际情况，确定可展开轮换的岗位，并明确可参与轮岗人员的条件。

(2) 人员选拔。财务共享服务中心各处室负责人根据岗位要求展开人员选拔。拟定候选人后，形成轮岗方案，递交共享中心负责人审批。

(3) 轮岗审批。财务共享服务中心负责人根据业务情况，结合人员职业发展规划，进行轮岗方案审批。

(4) 执行轮岗。在轮岗方案完成审批后，轮岗人员按照轮岗方案执行轮岗。轮岗人员到新岗位之前应与接替人对原岗位工作办理充分的工作交接，将正在进展的工作、未了事项、相关文件资料及所保管的物品等事项按工作交接的流程，书面交接给接替人员。同时，轮岗人员需对接替人员进行指导、监督、培训，确保接替人员顺利接手工作；轮岗人员到新岗位时也应与目标岗位人员进行充分的工作交接。

(5) 轮岗考核。在工作交接完成时，各处室（组）负责人应适当安排轮岗考核，可采取访谈、抽凭等方式针对轮岗人员的日常工作进行考核，确保轮岗人员已充分掌握目标岗位技能，且能熟练执行日常工作，方可完成岗位轮换。

4.2 培训体系

财务共享服务中心运营除业务核算外，最重要的就是培训。大量会计人员需要进行全方位的专业培训，包括业务指导、系统操作培训等。只有做好这些方面的工作，才能保证财务共享服务中心人员为服务单位提供及时、高效、标准、专业的服务，从而达到规模化效应。因此，财务共享服务中心的培训体系搭建至关重要。其培训体系包括培训管理体系、培训课程体系以及培训实施体系。

4.2.1 培训管理体系

培训管理体系包括培训管理办法、培训工作流程、培训评估体系、培训预算管理等一系列与培训相关的制度。培训管理体系的完善除了进行制度的完善，制度的有效执行更是其中之重中之重。不同的员工群体，专业能力起点不同。因此在进行人力招聘时应对所招聘的员工群体有所划分，对于不同专业基础的员工群体，培训方案应有所差别。例如，在制订培养计划时，应首先明确员工群体已经具备的知识与运营财务共享服务中心所需知识之间的差距。应尽可能地考虑到该群体原有的财务能力，在培训中有重点地引导员工将原有的工作经验与现有的财务共享服务中心运营业务相结合，并对员工的实际操作进行具体的培训和指导。

财务共享服务中心的培训不应该局限于员工的业务技能方面，员工的思想水平同样影响着组织的运营水平。优秀的员工应具有正确的世界观和价值观，对自己所从事的工作有责任感，有团队协作的意识，有大局观。运营中心的员工培训，尤其是新员工培训，应重视企业文化、职业素养的培养。

培训计划可细分为短期集中培训、长期发展计划以及后备管理人员的管理能力培训。短期集中培训以实现员工的标准化操作为主要目的，内容应该包括业务流程的培训、操作系统的培训和新的组织文化的培训。长期发展计划培训的内容应与财务共享服务中心的发展战略相吻合，拓展员工的自身能力，从中选拔、培养后备管理人才。后备管理人员的管理能力的培训更多的是一种管理潜力的发掘，建议采用后备管理人员到财务共享服务中心轮岗的方式，在后备管理人员熟悉所有岗位工作内容后完成初步的培训。此后，对其培训的内容主要集中在知识管理和管理经验方面，并需要创造机会让其参与团队的管理，以项目的实例作为培训的教材。此外，还可以将员工兴趣与其发展潜力相结合，根据业务发展与规划部门提供的管理运营数据适当调整培养目标，制订年度和季度的培养计划，再细分到各周，在沟通写作能力、专业知识、组织策划能力、宣传能力等方面有针对性地进行培养，以确保人员与岗位的适配。

4.2.2 培训课程体系

培训课程体系是由项目性培训和持续性培训组成的。

项目性培训以财务共享服务中心的业务岗位为划分依据，包括财务共享服务中心基础知识培训、应收岗岗位知识培训、应付岗岗位知识技能培训、总账岗岗位知识技能培训、费用报销岗岗位知识培训、资金岗岗位知识培训、资产岗岗位知识培训等内容。项目性培训的重点在于通过培训提高员工的财务共享服务中心系统操作能力和业务处理水平，有效提高新员工的适应能力与快速上岗能力。

持续性培训是有周期的，是对员工进行持续性的培训。持续性培训的内容主要包括财务专业知识培训、岗位技能知识体系等。侧重点在于为员工提供持续学习的平台，补充其专业知识储备、提升其业务处理能力，实现财务共享服务中心人才培养的可持续性。培训课程如表4-1所示。

表4-1 培训课程

课程类别	课程说明	面向对象
财务共享服务理念培训	有关财务共享服务理念培训	企业中高层领导
财务共享服务介绍	财务共享业务范围及工作计划及业务流程介绍	企业领导及关键用户
财务共享操作流程培训	财务共享服务业务流程详细介绍	企业财务用户
系统介绍	财务共享系统介绍及典型业务场景系统操作演示	企业财务用户
系统操作培训	系统功能操作详细讲解	企业财务用户

续表

课程类别	课程说明	面向对象
财务共享服务中心运营培训	讨论并学习财务共享运营中的关键因素，以及这些因素都将对共享服务中心的运营有何影响。课程还包括对共享服务概念的讨论	财务共享服务中心的管理人员和操作人员
财务共享服务中心变革管理培训	了解财务共享实施带来的变革，制订实施计划以落实相关变革。课程包括对概念的讨论，案例回顾和方案制定	财务共享服务中心的管理人员和操作人员，实施企业的财务人员
财务共享服务介绍	财务共享业务范围及工作计划和业务流程介绍	财务共享服务中心的管理人员和操作人员
财务共享操作流程培训	财务共享业务流程详细介绍	财务共享服务中心的管理人员和操作人员
ERP 系统培训	ERP 系统介绍及系统操作详解	财务共享服务中心各运营部操作人员

4.2.3　培训实施体系

培训实施体系旨在确保企业培训的有效落地，是对培训活动的组织、实施、跟踪反馈、效果评估，以及优化改善的一整套控制流程。培训实施体系的构建，首先，需要明确培训目标，并有可行的考核标准可以检验目标的实现程度。其次，要做好培训工作的整体实施方案、培训整体规划。培训工作的顺利开展需要多部门进行配合，既包括硬件、场地、人员方面的配合，也需要时间做调度安排。培训的时间安排、地点设置、需要的设施设备、面向的对象、培训的主导部门、协助部门等内容都应在培训整体实施方案中被明确。最后，培训的有效实施，还需要监督考核机制、评价机制和激励机制的辅助。监督考核机制可以帮助组织者检验培训的成果；评价机制可以协助组织者不断优化完善培训工作；激励机制可以激发员工参与培训的热情，提升培训的效果。

视角

全球共享服务 GBS 证书

财务共享服务是财务转型不可或缺的发展基础，同时也是一个优秀的业务财务、战略财务从业者具备良好的商业洞察能力及追根溯源能力的基础。共享服务作为一种新兴的商业模式正在快速地发展，而市场上能够提供的适合这样财务转型模式的人才却十分稀少，企业需要更好的技术以改善流程及增加有效性。所以建立全球共享服务认证体系的原因十分简单，即为了满足市场需求。

ACCA 对共享服务及外包行业进行了全面充分的调研，充分了解共享服务行业的发展趋势及挑战。企业雇主都希望能有一套相关的培训及资格认证体系以帮助他们的员工获得此领域的基本技能。因此，ACCA 联合了 15 个国家超过 150 名共享服务及外包行业雇主，开发出了一套以雇主为导向的资格认证体系以应对行业变革，并在 2016 年初推出了 ACCA 全球共享服务证书，以帮助企业实现财务转型，同时为共享服务中不同阶段及不同职能的财会人才提供最适合的课程。具有全球视角、以雇主为导向的 GBS 证书的知识框架和内容体系与共享服务中心的岗位要求完美匹配，培养财务共享服务中心的专项技能，可有效提升个人及共享服务中心的绩效。其具体内容如表 4-2 所示。

表 4-2 全球共享服务 GBS 证书的知识框架和内容体系

模块	知识框架	内容体系
模块 A	全球共享服务简介	• 共享服务、外包和全球共享服务中心的历史 • 为什么商业公司要使用共享服务中心 • 典型的共享服务中心案例 • 共享服务中心内的典型流程和关键因素 • 全球共享服务中心里的关键技术和成功因素

续表

模块	知识框架	内容体系
模块 B	流程设计、测量和管控	• 理解整个流程价值链 • 流程筹划，系统和知识转换 • 治理和流程管控 • 流程测量、KPIs和制定基准 • 现有的行业趋势
模块 C	基础绩效	• 关系管理 • 理解客户的文化、影响力、沟通和行为 • 技术在全球共享服务中心的作用 • 理解合规和制度
模块 D	优化绩效	• 改变管理模式、项目管理和流程优化 • 个人发展、职业规划、学习和发展
模块 E	全球共享服务财务流程简介	• 订单至收款、采购至付款、财务至报表 • 其他的流程(财务报告与解析、管控、工资单、税务、财政和供应链会计)

4.3 绩效考核

财务共享服务中心的绩效考核包括组织绩效考核和员工绩效考核两个方面。

4.3.1 组织绩效

组织绩效通过对业务时效性的考核，促使业务处理效率的有效提高；通过对财务共享服务中心输出服务的考核，促使会计信息质量的不断提升；通过对业务部门的满意度测评，促使财务共享服务中心服务能力的增强；通过对财务共享服务中心流程化和标准化的考核，促使组织人力成本的有效节约。

1. 财务维度

财务维度通常从费用预算完成率的角度进行考核，将财务共享服务中心作为成本中心，编制年度费用预算，对预算完成情况实施考核；同时也可以从人均业务处理规模（即财务共享服务中心总业务处理规模与共享中心核算人员总数量相比）和单位成本处理业务规模（即财务共享服务中心总业务处理规模与共享中心人工成本总额相比）两个角度来考核；合理设计财务维度考核指标能够促进共享中心业务发展，促进财务共享服务中心在确保工作质量的前提下降低成本。财务维度指标的具体内容如表4-3所示。

表4-3 财务维度指标

指标名称	数据源		计算逻辑
	A	B	
人均业务处理规模	财务共享服务中心总业务处理规模（收入或资产）	财务共享服务中心核算人员总数量	=A/B
单位成本处理业务规模	财务共享服务中心总业务处理规模（收入或资产）	财务共享服务中心人工成本总额	=A/B

2. 客户维度

以更低的成本为客户提供更优质的财务服务是财务共享服务中心战略目标实现的重点。客户维度主要关注客户投诉处理率与客户满意度，客户投诉处理率通过单位业务量投诉率（共享中心收到的总有效投诉量占总业务处理量的比重）与投诉建议解决的比例（已解决的投诉建议占有效投诉建议的比重）来衡量；客户对财务共享服务中心服务的满意程度可以通过定期对目标客户的服务感受进行调研来验证。客户维度指标的具体内容如表4-4所示。

表 4-4　客户维度指标

指标名称	数据源 A	数据源 B	计算逻辑
单位业务量投诉率	对财务共享服务中心总有效投诉数量	财务共享服务中心总业务处理量	=A/B
投诉建议解决比例	已解决的投诉建议	有效投诉建议	=A/B
财务服务满意度	可以通过线上调查问卷的方式定期收集问卷信息并对结果进行分析获得，主要是内部客户，即企业内部其他业务部门		
业务推广完成率	已纳入财务共享服务中心核算主体数量	集团内核算主体总量	=A/B

3. 内部流程维度

内部流程维度主要考虑会计信息质量与会计处理效率，可以从业务处理准确率以及人均业务处理效率方面进行考核。业务处理准确率可以通过财务共享服务中心错误处理单据数量与业务处理单据总量相比得出；人均业务处理效率通过各业务流程处理单据总量与各流程总人数相比得出；提高业务处理质量与效率是实现财务共享服务中心战略目标基础之一，也是从内部流程着手支持战略目标实现的直接表现。内部流程维度指标的具体内容如表 4-5 所示。

表 4-5　内部流程维度指标

指标名称	数据源 A	数据源 B	计算逻辑
业务处理准确率	财务共享服务中心错误单据处理数量	财务共享服务中心业务处理单据总量	=1-A/B
人均业务处理效率	业务流程处理单据总量/该流程总人数，该指标根据不同业务流程的复杂程度而有所区别，如销售至应收流程处理单据量可能相对较高，因此可以对于同一流程的该指标进行纵向比较，以反映财务共享服务中心的运营效率		
流程自动化程度	财务共享服务中心相关管理人员或专门的共享管理小组自行评价		
财务服务质量	财务共享服务中心相关管理人员或专门的共享管理小组自行评价		

4. 学习与发展维度

学习与发展维度主要从员工培训、轮岗以及流程优化方面选取指标。在员工培训方面,财务共享服务中心应该制定员工培训周期,对员工进行定期培训,而培训目标完成率的计算可以通过当期完成的培训计划数量与培训计划总数量相比较得出;在员工轮岗方面,财务共享服务中心应该制定轮岗计划,让符合条件的员工进行一定比例的轮岗,轮岗率可以通过当期已完成的轮岗计划数量与计划轮岗计划总数量相比较得出;此外,流程的优化可以通过年度完成的流程优化计划数量与年度流程优化计划总数量比较得出。上述三个维度是共享人员未来不断提高并创造价值的基础。学习与发展维度指标的具体内容如表 4-6 所示。

表 4-6 学习与发展维度指标

指标名称	数据源		计算逻辑
	A	B	
年度培训计划完成率	财务共享服务中心完成的培训计划数量	财务共享服务中心年度培训计划总数量	=A/B
轮岗计划完成率	财务共享服务中心完成的轮岗计划数量	财务共享服务中心年度轮岗计划总数量	=A/B
财务人员流动性	财务共享服务中心已离职人数	财务共享服务中心总人数	=A/B
年度流程优化计划完成率	完成的流程优化计划数量	年度流程优化计划总数量	=A/B

4.3.2 个人绩效

绩效考核是人员管理的最终手段,根据不同人群的绩效特点设定相应的个人绩效方案是保障财务共享服务中心稳定运作的重要基础。在实施绩效考核时,需要认真分析财务共享服务中心人员构成的特点,有针对性地进行差异化设置,在保证公平、公开、公正的前提下,充分调动财务共享服务中心人员的积极性,推动财务共享服务中心的持续优化。

1. 个人绩效考核的特点

1) 基础服务人员

财务共享服务中心的基础服务人员占总人数的 80% 以上,是财务共享服务中心的主要构成部分、产品的直接生产者。他们的主要工作内容具有单一性和重复性,常常是设计好的标准化服务内容。在通常情况下,具有业务同质化、收入水平相对偏低、提升空间小、流动性大、工作量大且单一、重复等特点。

(1) 业务同质化。目前财务共享服务中心承接的业务一般按照行业板块划分,将相同行业板块的业务合并处理,业务种类和业务范围存在很大的局限性。起初,不同业务存在各自的差异,但是随着时间推移,业务同质化程度将会逐渐增加,最终趋于统一。

(2) 收入水平偏低。财务共享服务中心以盈利为目标,压缩人工成本是其压缩成本的主要方式之一。基础服务人员的可替代性相对较高,从而导致其整体薪资水平较管理和核心骨干人员偏低。

(3) 提升空间小。从事具体业务的财务共享服务中心员工大多数工作流程单一,工作对象具有局限性,没有机会从宏观上了解财务共享服务中心的整体工作,其职业发展路径主要是在技能岗位的提升。在特定条件下,技能娴熟且具有管理潜质的业务员工能够被提升到核心骨干或管理岗位。但总体而言,该部分人员比例偏少,其发展空间基本上是有限的。

(4) 流动性大。由于收入水平以及发展空间的限制,该群体的工作流动性往往相对较大。

(5) 工作量大且单一、重复。由于业务人员长期从事同一类型的工作,他们对特定的业务处理有着深入的了解,属于部分业务的专家型人才。但该部分业务往往过于单一和碎片化,无法对共享服务中心整体优化提供直接帮助。

2) 核心骨干人员和管理人员

核心骨干人员和管理人员是财务共享服务中心的核心，他们的稳定与否直接关系到财务共享服务中心的风险应对能力。他们直接指导着财务共享服务中心的发展方向，影响着财务共享服务中心的发展潜力和创新能力。这部分人群具有技能差异化、收入水平较高、追求更高的发展空间、流动性低、创新管理能力强等特点。

(1) 技能差异化。核心骨干人员和管理人员一般要求对其所管理的业务具有深入的了解，同时具备团队管理能力。他们往往是各自领域的专家，在其所支撑的各业务板块上具有难以替代的特征。

(2) 收入水平较高。企业组织在招聘时针对此类人员的素质和技能进行严格的选拔，组织希望其在所从事的岗位上能够相对稳定，并愿意为其付出较高的薪资报酬。

(3) 追求更高的发展空间。此类员工对收入的敏感性和对发展空间的敏感性是相似的，他们可以将发展空间作为对其收入水平的一种弥补。因此，他们对发展空间的期待和对高薪资的期待是并存的。

(4) 流动性低。财务共享服务中心从事运营管理和业务支撑的员工较业务类员工具有更高的稳定性。当他们对组织产生了认同感后，会期待在组织中通过长期的努力实现自己的追求或获得稳定的高收益。

(5) 创新管理能力强。此类员工一般会陪伴财务共享服务中心成长，对于财务共享服务中心的发展有着各自独特的见解和规划，这对于财务共享服务中心运营能力的提升具有非常重要的意义。

2. 个人绩效方案设计

1) 基础服务人员绩效设计

基础服务人员绩效从其绩效特点来看应着重考虑两个方面：一是公平公开、多劳多得；二是结合上升通道，多方位考核。

基础服务人员的工作通常是计件制,多劳多得是其直接特征。为保证财务共享服务中心整体的公平性,应当针对不同业务设定参数,折算后计算单据量。此外,运营人员的业务处理时效、质量以及客户满意度等指标均须按照比例进行量化考核,以此计算综合绩效考核得分。

基础服务人员的工作内容单一,发展空间有限,但其中不乏优秀的工作者。这些人员如果因为发展空间的限制而选择离开财务共享服务中心,造成人才的流失,一方面会增加人力成本,另一方面也会造成骨干人员和管理人员储备的不足甚至断层。因此,对于基础服务人员的绩效考核不仅要涵盖其日常工作成果是否达标的内容,还需要对其日常工作中的表现出的应变能力、问题处理能力、创新能力等方面进行考核。这些方面的考核内容将帮助管理者进一步确定培养和选拔的对象。

2) 核心骨干人员和管理人员绩效设计

管理人员的管理能力是其主要的考核内容。但管理能力的考核指标一般相对抽象,因此可以借助衡量管理人员所负责的部门、小组的任务完成情况从侧面考核管理人员的管理能力。

优秀的管理者应能很好地完成运营保障工作。管理者应当能够通过自身的管理行为,有效地为其所管理的部门完成业务关键内容的决策、资源的协调等工作,创造稳定的工作环境,保证基础服务人员的日常工作不会因部门间的沟通不到位、资源的不足等问题而受到影响。优秀的管理者应能有效地把控部门运转。管理者应通过监管机制或自身的监管手段,保证自己所管辖部门的优质高效运转,能够高质量地完成部门日常的工作任务,甚至有所创新。优秀的管理者应当能够有效地团结部门人员。不同的管理者面对的管理对象不同,管理者不必对每一个管理对象都进行细致入微的管理。但管理者应通过管理行为、组织氛围等方面影响其所管理的团队,保证大多数团队成员具有团队意识和团队归属感,以及团队成员间沟通的顺畅。

可以说，管理者所管理部门的表现是管理者的管理能力最直观的体现。因此对于核心骨干人员和管理人员的绩效考核，要综合考虑其所管理团队的运营情况、业务绩效以及团队成员的评价反馈。

本章小结

人员管理是财务共享服务中心运营期间的管理核心。针对不同人群制定配套的招聘、培训、考核模式用以激发员工潜力，将每个员工放在合适的岗位上，为员工提供职业规划和晋升通道，是保证财务共享服务中心持续发展的关键因素。

第5章 财务共享服务中心运营流程管理

财务共享服务中心规范和标准化的运营流程管理能更有效地控制运行成本、优化信息输出的质量、提高企业灵活应变的能力、综合改善企业的组织结构和资源配置,让客户满意度大幅度提高,实现企业在经济效益方面的质的提升,促进企业战略目标更快落地。

5.1　流程管理

5.1.1　流程管理的基本概念

　　流程管理的核心内容是业务流程，因此其也被称为业务流程管理。流程管理是将企业中的各项业务流程细化，通过标准化的运行方式，将输入、输出有机地关联并相互转化的过程。可以说流程管理存在于任何一个企业中，即使没有明文的规定，也会有隐形的流程潜移默化地影响员工的操作和任务的执行，企业管理可以依照流程管理为导向进行。流程管理源于管理的分工理论。传统的分工理论认为，越细致的分工越能使工作效率有更高的提升。但随着企业规模的扩张、经营业务种类的不断增加、多元化和经济全球化发展趋势的到来，越细致的分工会带来越高的管理成本，企业庞大的组织机构不但不能产生正面的效应，反而会造成很多的问题，如协调沟通成本大、集团难以统一调控各项业务、职能部门之间产生利益冲突等，致使企业的管理效率低下。此时的业务分工背离了其刚出现时的原始动机，流程管理的理念在企业管理中逐渐被淡化。但进入20世纪80年代后，随着计算机的普及、互联网的迅速发展，智能化的软件服务使得流程管理环节被简化，部门与部门之间的信息传递可以通过计算机编码的方式进行，由自动化平台代替了复杂、烦琐的人工操作，既解放了很多基础的人力，也大幅地提高了管理的效率和准确度。在此之后，流程管理又重新出现在人们的视野。

5.1.2 财务共享服务中心流程管理

财务共享服务中心流程管理指的是在建设财务共享服务中心的过程中，为了提升财务集中后的管理效率，针对企业的财务流程展开具体的流程管理方案设计，结合对业务流程开展充分的分析、跟踪、识别、优化工作，合理地划分职责范围，让各项流程管理活动在包括质量和效率两个方面实现本质上的、可持续性的最优效能提升，最终目的是配合其他组织部门实现企业的总体战略目标。财务共享服务中心的建设需要以财务系统软件和强大的计算机技术作为支撑，在组织和管理层的推动下，逐步实现对企业经济业务的集中管控。

虽然财务共享服务中心的工作集中在一地，要处理的经济业务却面向全球。一方面，财务共享服务中心每天都要接收从全国甚至全球各业务发生地传来的单据，并对其展开一系列的审核、记账、归档等工作；另一方面，财务共享服务中心会产生大量的财务数据，为企业集团管理层做决策提供基础的信息资料。财务共享服务中心通过对业务进行标准化的流程再造，通过端到端的流程定义，实现集团不同维度的连贯性和一体化，对企业进行精细化管理，将流程设计做到较为细致的程度，使得会计记录更加规范，结构更加统一，并因其能为企业删减大量的基础会计业务工作，使得会计人员从繁杂、琐碎的事务中脱离出来，为财务管理者节省出更多的精力，转而为其投向更高级的战略化财务管理提供基本的保证。

5.2 财务共享服务中心流程要素

5.2.1 流程闭环

财务共享服务中心是一个希望通过专业化分工,将财务工作从繁杂、琐碎的操作中解脱出来,优化管理流程,提升企业总体效益的组织,其成功与否很大程度上依赖于流程管理所达到的程度。完整的财务共享流程管理可以概括为以下四个环节:流程目标确立、流程梳理与再造、流程执行、流程优化与维护,并且这四个环节都是围绕企业整体的战略目标展开。具体管理内容可以循环形成一个完整的闭环模式,如图5-1所示。

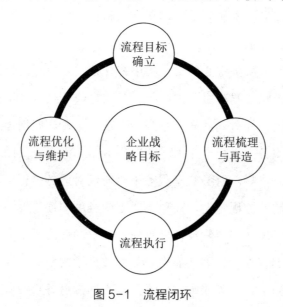

图5-1 流程闭环

5.2.2 企业战略目标

企业战略目标是指企业在实现其使命过程中所追求的长期结果,是在某些重要领域对企业使命的具体化。企业的战略目标反映出其在一定时期内经营活动的方向和所要达到的水平,衡量的办法可以是定性的,也可以是定量的,如竞争地位、业绩水平、发展速度等。企业使命过于抽象,而企业的战略目标则要有具体的数量特征和时间界限,时间跨度通常为3~5年或以上。企业战略目标为企业的发展指明方向,是企业未来发展路线的总括性指导。企业战略包含多个层面,如销售渠道管理、财务管理、产品服务管理、市场稳定性管理等,多个维度需要相互配合才能使得战略落地,帮助企业更好地实现使命的达成。

5.2.3 流程目标确立

流程目标为流程管理的设计提供方向,明确流程管理的目的,细化管理方向,将关键指标建立为统一的整体,界定流程再造的范围。流程管理的目标要和企业整体的战略目标紧密结合在一起,任何流程管理的最终目的都应该是为了更好地实现企业的总体战略目标。财务共享服务中心成立的初衷是为了更好地达成企业的战略目的,财务共享流程管理的目标是对企业战略目标在财务管理方向上的进一步细化,我们需要按照流程管理的闭环模式,在财务共享服务中心一开始设立的时候明确组织定位,结合企业实践,确立财务共享服务中心的战略目标,再以企业的总战略目标为核心,建立财务共享服务中心的流程管理模式,确定相关的流程设计方案。相较于企业的战略目标,财务共享流程管理确立的目标要让细节更加具体,因此必须具有更强的可操作性和可理解性,为后期的流程再造和执行提供明确的指导思路。

5.2.4 流程梳理与再造

流程再造是流程管理过程中的关键环节,而流程再造的起点是对企业所有的流程进行全业务梳理,打破原有的流程管理模式,重塑流程体系。此外,考虑到流程再造会引发企业内部组织管理架构的适应性问题,对此企业应及时予以调整。流程再造是财务共享流程管理中非常关键的一个环节,而流程梳理是展开流程再造的起点。合理的流程再造方案能通过对竞争环境的分析,甄别达到目标所涉及的所有关键环节,结合企业以往的实践操作经验,充分理解各业务中可能涉及的各环节所发挥的重要作用,寻找到阻碍企业管理效益达到最大化的限制因素,针对限制性因素提出解决方案,有目的地去除流程操作中非增值部分的工作,将复杂的工作简单化,提高整体的工作效率。在流程再造的过程中并非所有的流程都需要保留,流程管理要提高企业的整体效益必然要有所取舍,因此需要谨慎地选取关键流程进行流程再造和优化。根据二八原则,通常起到关键作用的流程在流程的总数目中可能只占到20%的比例,但其却会对整体目标的达成发挥80%的影响力。

流程再造后良好的信息传递能够降低沟通成本,使每一个任务的传达和执行能更好地落到实处。信息的传递和沟通可以依靠图表、文字的方式进行。流程图的画法有很多,矩阵式流程图是其中的一种。矩阵式流程图的好处在于它能将职责明确地标示在图解的左侧,直观地说明该环节对应的执行部门和执行岗位。图的核心区域则可以明确地示范业务流程的衔接。但仅依靠图解无法明确所有的问题,因此需要通过文字进行补充说明。对流程再造设计方案的细节阐述应围绕流程实施的前提假设、流程涉及的相关术语解释、流程对应的职责划分等关键问题展开,使流程再造后的方案具有更强的可操作性。此外,当流程管理的目标发生改变时,要关注企业旧有的组织管理架构是否还能满足企业流程再造后的运行管理需要。由于组织结构的变革具有滞后性，因此更应当在流程管理的过程中给予充分的重视，及时汇总问题，调整组织结构，为实现财务管理目标打下坚实的基础。

5.2.5　流程执行

流程执行是将理论转化为实践应用的关键，只有在实践中才能展开对流程再造合理性的验证。执行的过程需要各部门和全体员工的配合，因此需要协调好人事关系，否则容易产生负面效应。流程执行一方面需要依照已确立的流程操作手册有条不紊地展开；另一方面，新旧流程的对接、人员岗位的重新配置对于流程执行的顺利展开也会起到关键性的作用，而这就直接决定了前期投入能否在实施中得到验证和成本的收回。首先，流程执行是对流程再造的检验和论证，是使流程再造方案落地的过程。对于刚建成财务共享服务中心的企业集团，最好分批次迁移集团的财务工作，循序渐进地实现整个集团财务共享的全线覆盖。其次，流程管理的执行要落地到具体的部门和岗位上，因此要在企业内设立一个有针对性的系统考核指标，以此为依据评判各流程管理参与者对于任务的执行情况。最后，执行力度的高低，管理者对于流程的理解程度等都会影响整个财务共享服务中心的流程管理输出结果。明确流程执行中的关键要素，自上而下、有层次地开展流程建设，把握工作中的重点和难点，才能使流程管理在企业管理中发挥更好的作用。

5.2.6　流程优化与维护

与流程再造不同的是，流程优化不需要从本质上推翻原有的流程进行变革，只需要对目前出现的问题进行局部调整，是对流程再造的补充。对于庞大的数据系统，还应当关注后期的信息维护工作，持续管理系统的优化升级。在流程管理的持续升级和维护中，企业会发现原本流程管理中可能存在的问题已被解决，但同时又能从新的实践中总结出更多的流程管理需求，影响目标的重新确立。这一切都将紧密围绕企业的总体战略展开，因而会形成一个以战略管理目标为核心的标准的闭环管理模式。

5.3 财务共享服务中心典型流程优化

5.3.1 销售至应收款流程

销售至应收款流程描述了当业务单位发生销售业务并开具增值税发票后，通过扫描相关单据至影像系统并传递到财务共享服务中心进行影像资料的审核，收入暂估及确认记账、对账、核销等一系列的操作并生成收入凭证的端到端流程，如图5-2所示。

销售至应收款流程在财务共享模式下的优化点包括以下五个部分。

(1) 统一单据格式和扫描要求：规范业务单据标准化格式，通过影像系统对收入入账的原始单据进行扫描上传。

(2) 收入暂估及调整环节统一标准：对于收入暂估，在获取确认的结算单后，进行差异调整时统一做全冲重新入账处理。

(3) 收入暂估凭证次月自动冲销：对于暂估收入冲销环节，在获取准确的结算单后，系统自动生成冲销凭证，这样可以减少人工干预，提高效率和准确率。

(4) 加强应收票据管理：加强票据背书转让管理的系统功能，提高工作效率与管理水平。

(5) 回款自动清账：启用系统自动清账功能，在收回应收款时，系统可以自动匹配对应的应收款并做核销处理。

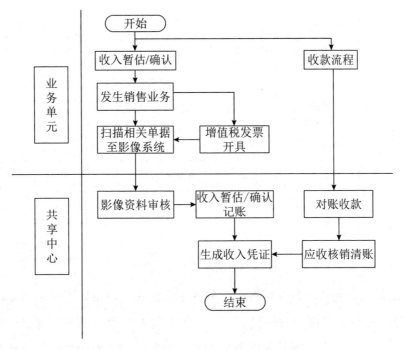

图 5-2 销售至应收款流程

5.3.2 采购至应付款流程

采购至应付款流程描述了当业务单位发生采购业务并签订采购合同与订单及取得采购发票后，通过扫描相关单据至影像系统并传递到财务共享服务中心进行影像资料的审核，应付发票处理与记账、对账、核销等一系列的操作并生成付款凭证的端到端流程，如图 5-3 所示。

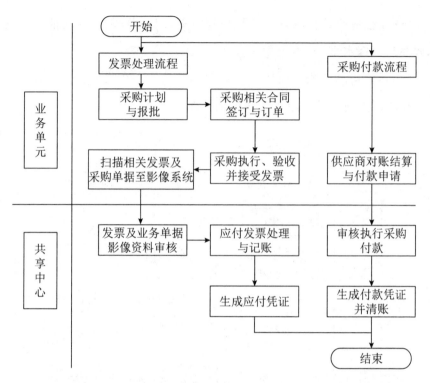

图 5-3 采购至应付款流程

采购至应付款流程在财务共享模式下的优化点包括以下四个部分。

(1) 统一单据格式和扫描要求：标准化规范发票及单据扫描流程和要求，并通过影像系统对相关应付发票及单据进行扫描和归类，并与报账系统集成，影像与电子单自动匹配。

(2) 实现发票自动校重和验真：利用发票扫描功能识别采购应付发票号，并自动进行发票校重和验真，通过系统控制保证发票提交的真实性和准确性，提高发票审核和处理的效率。

(3) 影像系统自动识别后提取信息：通过影像系统自动提取相关发票及业务单据信息进行匹配，并与报账系统及 ERP 系统进行集成，便于共享中心核对影像资料。

(4) 银企直联：通过审核后的付款指令被推送至银企直联平台，进行资金的支付；资金支付完成后将支付完成指令回传至 ERP 系统进行清账。

5.3.3 费用报销流程

费用报销流程描述了当业务单位发生费用报销业务后，通过扫描相关单据至影像系统并传递到财务共享服务中心进行影像资料的审核，进行预算监控、借款核销等一系列的操作并生成会计凭证，进行资金支付的端到端流程，如图 5-4 所示。

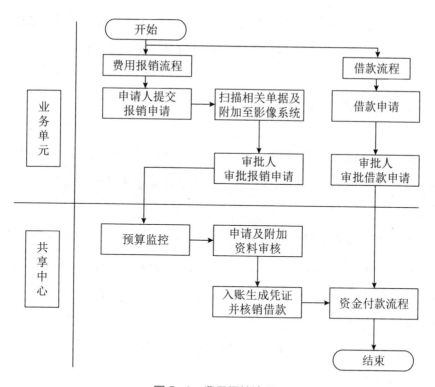

图 5-4　费用报销流程

费用报销流程在财务共享模式下的优化点包括以下四个部分。

(1) 统一报账平台和报账流程：建设统一报账系统，规范不同类型的报账表单和流程，系统自动派工，加强全流程的系统控制并提高流程效率，实现全流程线上化及数据共享。

(2) 影像系统自动识别后提取信息：通过影像系统收集单据扫描件并自动提取信息，与报账系统及 ERP 系统进行集成，便于共享中心核对影像资料。利用影像系统的可识别功能协助实现电子发票校重。

(3) 员工借款管理：规范借款和预付款管理，借助报账系统实现员工借款的查询、对账和跟催，实现借款与报销的自动核销等。

(4) 加强费用预算监控：通过打通预算系统和共享报账平台，加强对费用的实时监控，以实现费用报销流程中费用预算的事中控制。

5.3.4 资产管理流程

资产管理流程描述了当业务单位发生资产新增、变更、报废等业务后，财务共享服务中心进行一系列操作并生成会计凭证的端到端流程，如图 5-5 所示。

资产管理流程在财务共享模式下的优化点包括以下两个部分。

(1) 业务申请标准化：业务单元通过填写标准申请单对资产新增、变更、报废、转固进行申请，经共享平台传至财务共享服务中心进行处理，无须本地财务进行参与。

(2) 入账信息实时反馈：共享中心财务收到申请后，在系统中进行操作并将结果及时反馈给业务单元。

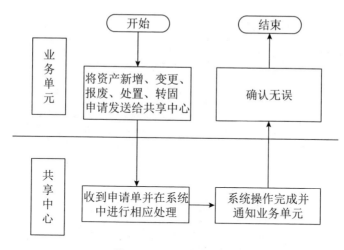

图 5-5　资产管理流程

5.3.5　资金结算流程

资金结算流程描述了当业务单位发生支付业务（如费用报销支付、采购付款支付、资产购置支付等）后，财务共享服务中心接受付款信息并根据付款计划进行资金支付等一系列操作的端到端业务流程，如图 5-6 所示。

资金结算流程在财务共享模式下的优化点包括以下两个部分。

(1) 拓展银企直连支付：将银企直连应用范围进行拓展，支持员工报销等对私业务的资金结算。

(2) 提高银企对账效率，强化应付清账控制：将支付成功的状态回传至 ERP 系统，改写支付记录的实际支付状态。同时，在应付清账逻辑中加入判断，控制只有完成实际支付的记录方可用于应付清账。

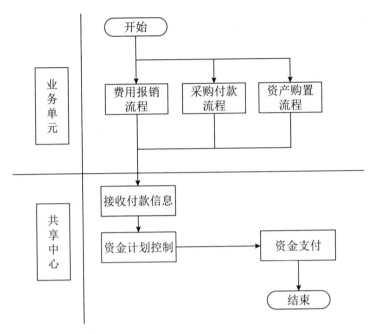

图 5-6　资金结算流程

案例

C 集团运营流程优化

C 集团为了实现财务转型、创建一流财务中心的战略目标，为了满足财务共享项目的需要，同时启动了财务业务流程的优化工作。项目组对财务部门的销售到应收核算、采购到付款核算、资产管理与核算、总账核算与报表、资金管理等 11 个大类的业务流程进行了整合，主体内容涵盖流程框架、流程图及流程操作规范。流程框架从整体上明确了财务共享流程的内容、数量及层次；流程图直观地展现了财务共享流程从业务发起、审批、核算到结算的各环节，并将控制点嵌入了流程中；流程操作规范针对流程中各环节的具体工作进行了详细说明，进一步明确了控制内容、岗位职责，实现了业务流程、单据和数据的标准化统一。

同时，财务共享项目组结合财务共享理念，对原流程进行了梳理，共梳理出了180个差异及改进点。通过对21个专题进行讨论及详细设计，确认了解决方案，产生了38个变革点。变革点从流程效率、财务内控、业务支持三方面带动流程效益的提升。其中，费用报销流程的变化最大，决策过程从人工判断到仅依靠系统分派，提升了风险控制能力；投资管理流程的效益提升最显著，通过线上全流程流转和控制，规范了资金的支出管理；付款流程的效率提升最快，已实现了自动提醒与支付，平均每单处理时效提升了65%。

5.4 财务共享服务中心流程管理机制

5.4.1 流程管理组织

1. 流程管理专家组

专家组作为财务共享服务中心的"专家中心"，聚焦于财务流程管理工作，借助其在各财务流程方面精深的专业经验和对领先实践的掌握，负责履行财务共享服务中心各流程规范、业务标准制定和流程优化等职能。其主要职责如下。

(1) 负责流程体系框架以及流程管理制度的建立与持续优化。

(2) 负责流程的整体管控，指导各业务小组实施流程管理。

(3) 负责企业流程IT固化需求的提出，利用信息系统推动流程信息化管理进程。

(4) 负责组织流程的建立、发布、优化及废止管理，落实流程的全生命周期管理。

(5) 负责流程新增、变更等设计的质量监控。

(6) 负责对流程实施的相关人员进行宣贯与培训。

(7) 负责对流程的执行过程进行监督与检查，汇总各小组及员工对流程的建议并组织评估，适时组织相关小组修订、完善流程。

2. 流程管理岗

流程管理岗位负责财务共享服务中心各流程梳理、优化重点项目、保障流程质量等职能，其主要职责如下。

(1) 负责对与财务相关的、端到端的流程进行梳理，提出财务流程的优化建议并协助推动落地，提高财务共享服务中心的总体工作效能。

(2) 负责汇总分析各业务小组提出的新建、调整和废止流程的需求申请，配合业务小组对新建、调整和废止流程的需求进行反馈确认。

(3) 负责协助组织实施流程优化重点项目，保障流程优化项目的质量。

(4) 负责检查和监控流程运营的适用和运行情况，对流程执行的效果进行定期分析与评价、修订。

(5) 组织相关部门进行流程制度及流程管理知识和方法的培训。

(6) 对财务共享服务中心各流程小组提供业务流程上的支持。

(7) 负责各类流程文档的备案管理，以及流程新建、调整和废止通知的发布工作。

5.4.2 流程管理工作规范

1. 流程的建立与发布

(1) 以下情况可作为业务及管理流程需要重新建立的判断标准。

① 新增业务及管理事务发生，且现有的流程不适用于新事务。

② 工作流程发生重大变化，且现有的流程已不适应现有工作。

(2) 各业务组根据业务需求或流程管理岗基于流程新增或建立需求，提出流程新建申请。申请内容需要对新建流程的流程目标、流程的必要性及可操作性和流程的关键步骤进行描述。专家组对新建流程进行合理性与可行性评估，并提出评估意见。

(3) 流程管理岗根据流程新建申请，制定流程详细方案的初稿。流程详细方案包括流程图及流程手册说明，涉及系统开发的，还包括系统需求说明书。流程详细方案的初稿经各业务组反馈意见后，形成正式的流程详细方案。

(4) 各业务组对最终流程详细方案的流程质量、可行性与合规性进行审核批准。

(5) 新建流程在正式发布部署前需进行充分的试运行，由流程管理岗组织相关业务组执行试运行工作，并监督流程试运行情况，汇总记录试运行期间发现的问题。

(6) 业务管理部按照试运行期间的记录和反馈意见，修订流程详细方案，并形成最终正式的流程详细方案。业务管理部对最终的流程详细方案进行归档备案，对于涉及相关管理制度变更的按照集团相关制度管理规定执行。

(7) 业务管理部专家组及共享中心流程管理岗负责新建流程的推广、宣传与培训工作。

(8) 业务管理部负责对最终确定的流程进行发布。

2. 流程的变更与优化

(1) 以下情况可作为业务及管理流程需要变更及优化的判断标准。

① 流程环节出现冗余或遗漏。

② 流程上下游环节间存在协调不畅的现象。

③ 流程所规范的管理事务出现变化。

④ 流程的组织结构、岗位设置或职责发生变化,小组或岗位之间的工作流程发生变更。

⑤ 当企业某项业务发生改变或其他客观原因导致了已有流程不能较好地描述生产经营活动。

(2) 各业务组根据业务需求或流程管理部门基于流程变更及优化的需求,提出相应的流程变更方案申请,对流程变更及优化的目标、理由和变更内容进行描述。专家组对流程变更及优化需求进行合理性与可行性评估,并提出评估意见。

(3) 专家组或分中心流程管理岗根据流程变更及优化需求,制定详细的流程调整方案,调整方案需包括更新流程图、更新对应流程手册、流程修改说明、流程运行权限设置的调整等。

(4) 各业务组对流程变更的详细方案进行反馈。

(5) 流程管理岗负责组织相关业务组执行变更后流程的试运行工作,并监督变更后流程的试运行情况,汇总记录试运行期间发现的问题。

(6) 专家组按照流程变更试运行期间的记录和反馈意见,修订流程变更方案,并形成最终正式的流程变更方案。

(7) 专家组及共享中心流程管理岗负责变更流程的推广、宣传与培训工作。

(8) 业务管理部负责对最终确定的更新流程进行发布。

3. 流程的废止

(1) 以下情况可作为业务及管理流程废止的判断标准。

① 工作流程发生重大变化,原有的流程已不适应现有工作。

② 流程所规范的管理事务已不存在。

③ 组织结构、岗位设置或职责发生变化，小组或岗位之间的工作流程不复存在。

(2) 各业务组因工作内容改变、流程重新规划等原因，导致原来的流程需要被完全替代或者停止使用，向流程管理组提出流程废止申请，填写内容主要包括申请作废流程名称、废止原因描述等。

(3) 专家组对流程废止方案进行可行性评估，并提出评估反馈意见。

本章小结

流程管理的最终目的是使企业达成总体的战略目标，实现使命与愿景，因此财务共享流程管理的目标应与企业的战略目标紧密结合，在流程管理目标的指导下展开企业流程的梳理与再造、流程执行、流程优化与维护等不同阶段的工作，以更加统一的标准和规范提升企业的管理效率。流程管理是财务共享服务中心建设的重心，其中流程再造是关键。企业需要关注流程再造的方式和方法，选择合理的流程梳理途径，循序渐进地开展改革事宜，并在人事方面做出有效的调整，为企业员工提供良好的发展渠道和培育机制，避免在流程再造的过程中产生负面效应。

第 6 章 财务共享服务中心信息系统

财务共享服务中心作为业务与开发的接口，在运营管理中信息系统管理主要有两个职责，一个是负责业务需求的对接，站在技术角度评估业务的系统需求，并转化成技术能够理解的语言完成开发；另一个是负责新技术、新系统的引入，以支持业务的信息化建设。

6.1　组织机构设置

财务共享信息部作为财务共享服务中心的信息化管理部门，统筹负责财务共享服务中心的平台建设，统筹分析各单位的信息化改造需求和项目管理等工作。其主要职责为以下几点。

(1) 分析并提出业务需求。

(2) 参与业务需求研讨，确认业务需求，编写业务需求说明。

(3) 根据业务需求对业务处理的影响，评估业务需求的等级，明确业务需求排序。

(4) 根据业务需求说明协助编写系统功能需求说明。

6.2　系统需求管理工作规范

6.2.1　系统需求的定义与类型

根据需求内容的不同，系统需求分为系统配置需求、系统开发需求和管理报表开发需求，如图 6-1 所示。

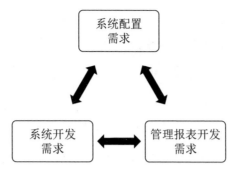

图 6-1　系统需求的类型

(1) 系统配置需求：是指在不改变现有系统功能的前提下，对系统功能进行重新配置的需求。

(2) 系统开发需求：是指对现有系统功能进行二次开发或开发新系统功能的需求。

(3) 管理报表开发需求：是指针对现有系统数据基础，开发定制化的管理报表。

6.2.2　系统需求的提出

(1) 新系统变更和配置需求是指各业务或管理组结合自身工作识别的业务需求以及外部客户提出的系统需求，提出系统开发和配置需求申请。其具体内容包括需求类型、需求背景、需求目标和需求描述等，并要明确该需求的实现对现有业务产生的影响和风险。

(2) 根据需求的类型和适用范围，由需求分析人员按照业务需求的内容进行初步分析与评估，确定业务需求的具体需求类型，评估该业务需求对现有业务的影响，以确定需求的紧急程度；对于无法实现的业务需求，应说明具体原因，并告知需求小组。

(3) 需求分析人员负责根据业务需求，结合系统实际功能情况，编制系统功能需求。需求说明应主要包括以下内容。

① 需求的提出背景和应用场景。

② 需求涉及的业务与管理流程。

③ 需求涉及的功能点与非功能点描述。

④ 业务需求组审核并确认需求说明。

(4) 系统需求说明须由相关业务组组长审批。

6.3 新技术创新

6.3.1 财务机器人

RPA(流程自动化机器人)又可以称为数字化劳动力,它是一种智能化软件,具体是指机器人通过记录员工在电脑桌面上的操作行为,将规则和行为熟记于"心",并模拟人的方式自动执行一系列特定的工作流程。RPA 具有对企业现有系统影响小、无须嵌入其他系统、基本不编码、实施周期短、对非技术的业务人员友好等特性。RPA 不仅可以模拟人类,而且可以利用和融合现有的各项技术,如规则引擎、光学字符识别、语音识别、机器学习及人工智能等前沿技术来实现其流程自动化的目标,且 RPA 可以应用于任何行业的任何场景。

财务机器人是一款能够将手工工作自动化的机器人软件。机器人的作用是代替人工在用户界面完成高重复、标准化、规则明确、大批量的日常事务操作。其与一般软件或程序的区别在于,RPA 可以视为 AI、机器学习等认知技术在业务自动化中的灵活使用,可以是针对重复性工作的自动化,以及高度智能处理的自动化;而普通程序,是被动地由业务人员操作。机器人替代人工主动操作其他软件,能够极大地提高员工工作的效率,减少重复劳动,将更多的精力放在提高管理水平和创造价值上。

常见的财务机器人包括以下几类。

1. 资金对账机器人

通过机器人实现银行对账单记录自动下载,并自动按要求整理成导入格式,自动导入对账单。机器人自动执行对账任务,完成所有负责的账户自动对账和定期生成余额调节表,并以邮件方式反馈对账结果。通过机器人按不同银行账户、收款类型的对账规则完成银企对账工作。

2. 银行回单机器人

机器人自动登录网银下载回单,并获取回单结构化信息;进入财务相关系统,完成回单的匹配挂接;任务完成后,以邮件形式进行反馈。

3. 报表订阅机器人

财务人员为业务部门提供数据服务,定期查询报表数据、整理后分发至各部门(如每月快报数据/预算执行情况),由于部门与报表数据类型多,技术含量低,又属于周期性的重复操作,就可以根据各业务部门的需求定制报表,再由机器人执行数据输出、加工等,最后根据各业务部门的需要进行分发,机器人可以完全取代人工,每个月自动完成报表数据的分发工作。

4. 税费计提机器人

月末税务专责人员要先在系统中查询各类税费项目的计提基数,如城建税、教育费附加等;在由人工完成计提表后,再进入系统完成税费计提单并进行传递,最后由总账财务完成制证。这样需要周期性地重复操作且对工作时效性要求高,大量的人工收集数据、计算等流程使工作效率极低且容易出错或遗漏。机器人根据预设的税费项目的取数规则,查询科目汇总表，获取计提基数，计算税额，完成税费计提表；根据完成的税费计提单进入系统完成税费计提单的发起、传递、审批；根据系统由单生成的凭证，完成凭证的传递。

5. 智能客服机器人

客服中心系统旨在建设一个集实时与流程于一体的在线交流平台，通过客服中心将呼叫中心、系统工单处理功能、人工座席服务功能、机器人服务功能、服务转接功能、服务知识库功能、客户信息资料处理等紧密联系起来。采集呼叫中心、在线工单、在线客服、邮件服务所记录的资料，可以分门别类地进行统计并形成报表。意见处理完毕后，可由客服人员主动联系用户，告知处理意见，形成闭环处理流程，从而打造全新的客户服务形象。服务人员可以和客户更加方便、快捷、直接地沟通，发掘更多的潜在客户，捕捉转瞬即逝的商机，降低运行成本，提高工作效率，获得用户的咨询与反馈信息，提升客户满意度，成为在线咨询、在线营销、在线客服的有力工具。

6. 凭证归档打印机器人

由于 ERP 凭证、财务系统凭证、电子回单、原始附件之间无直接关联，都是由人工线下进入各系统单独打印，再一一对应整理并装订，工作重复烦琐，费时费力，差错较大，降低了财务专责人员的工作效率，同时影响了档案管理的进度。机器人登录各系统，按装订要求、按顺序进行打印，从而实现凭证打印后无须人工再次进行核对匹配整理的工作，直接按号装订即可。

7. 发票交收机器人

通过机器人交收发票，可以有效解决实物交收过程中的收票人不在、排队等待、票据校验、业务数据核对、交收凭据、票据遗失等问题。

8. 自助报账终端

打造企业级实物数字化智能终端，涵盖票据交收、票据自动查验、业务智能衔接、实物及进度跟踪等功能，全面覆盖企业各类票、证、单的交收管理，满足跨部门协同、跨系统衔接的票据全生命周期管理。

📍 **视角**

财务机器人建设路线图

RPA 作为人工智能的初级阶段，落地实施的技术核心是建立 RPA 机器人技术平台，形成能力输出，为各个业务流程实现自动化，逐步推进机器人服务的规范化、平台化，从而搭建完善的 RPA 机器人流程自动化运营服务体系，潜移默化地将业务处理、流程运作融合于日常办公之中。RPA 实施与落地的典型路线图可以总结为以下 5 个步骤，具体如图 6-2 所示。

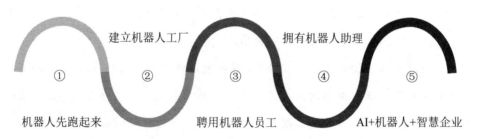

图 6-2 RPA 建设路线图

一、探索试点阶段：机器人先跑起来

RPA 技术的初级阶段是探索试点阶段。如何做好 RPA 技术的引入与应用场景的落地是这个阶段的关键。由于 RPA 技术与产品具有一定的可选性，可以开展 POC 测试的模式进行 1~2 个试点流程的产品验证，从而选出适合实际需求和预算的 RPA 产品，循序渐进，逐步将 RPA 理念引入

企业管理中来，为下一个阶段的推广奠定坚实的基础。

二、推广深入阶段：建立机器人工厂

推广深入阶段的核心在于全面梳理公司具备通过RPA技术进行改造和自动化条件的流程，更广泛地获得潜在需求并逐步转化、落地与验证。推广深入阶段可以考虑大规模部署和管理RPA，以业务需求为导向，提升RPA相关项目的规模，扩充RPA相关的机器人数量和授权，组建机器人工厂模式，逐步建立完备的流程评估、筛选和变更标准。

三、机器人运营中心阶段：聘用机器人员工

随着推广深入阶段工作的开展，每个部门RPA业务场景的工作不断固化、强化与规范化，就进入第三个阶段，即运营中心阶段。这个阶段，RPA已经是公司业务运作与日常管理不可或缺的服务与角色，因此需要信息部门或者其他部门牵头负责总体运营的管理与服务输出工作，形成RPA运营中心，为每个部门按需配置机器人，以满足日常业务运转的需要。RPA运营中心将实现能力的对接，即为业务部门提供业务场景的咨询服务能力，制定标准的规范，分析和评估业务部门的需求。

四、机器人伴随阶段：拥有机器人助理

经过第三个阶段后，随着RPA技术的深入应用，RPA机器人的服务将实现新的飞跃，由面向业务流程与部分界面向面向个人转变，打造机器人伴随服务能力，即为员工配备机器人助理。此阶段的核心在于实现全员对于RPA技术的深入理解与服务的熟练使用，由公司级、部门级、流程级服务向个人事务级的方向发展，公司RPA运营中心提供技术培训与指导，每名员工都可以使用自己的RPA机器人助手实现类似于办公Office等日常应用与服务，如收发邮寄、处理公文、撰写文档等个性化工作。

五、智慧企业阶段：AI＋机器人＋智慧企业

通过人工智能的新应用与RPA的结合与落地，改造公司传统的信息系统，实现智慧型企业的最终提升与转变。当然，在实施的全生命周期中都需要特别注意对于 RPA 自身的管理。一方面从制度、流程、规范等层面对机器人全生命周期进行标准化的管理，可以使机器人的响应更加快速灵活、运行更加高效准确；另一方面，从风险与审计出发，对机器人流程与数据的安全风险、合规风险、审计风险等，通过配套的管理和技术手段进行落地与控制。

RPA 作为一种软件机器人，既然是"人"，那么就应该有眼睛、耳朵、嘴巴，有手、有脑袋，利用人工智能领域目前相对成熟的技术，RPA 机器人就具有了类似于人的功能。

(1) 眼睛。利用 OCR、图像识别、语义识别等技术，RPA 机器人可以"阅读"打印和手写的文字，实现发票识别、身份证识别、银行卡识别等功能。

(2) 耳朵。利用语音识别技术，RPA 机器人可以"听懂"人类对话，结合语义识别技术就可以实现会议记录(文字)、实时翻译等功能。

(3) 嘴巴。利用语音合成技术，RPA 机器人可以"说话"，结合语音识别和语义识别技术就可以实现智能导游、智能导购、智能 Help Desk 服务等功能。

(4) 手脚。利用机器手臂、自动驾驶等技术，RPA 机器人可以"行动"，结合机器学习等技术就可以实现无人驾驶、无人物流、无人工厂等。

(5) 脑袋。利用统计分析、机器学习等人工智能技术，RPA 机器人就真正具有了智能，可以像人一样"思考""学习"和"决策"。

未来，RPA 技术将作为企业数字化转型的重要抓手为业务赋能，为提升客户体验提供强有力的技术支撑。企业将在基于规则的自动化基础之上增加基于深度学习和认知技术的推理、判断、决策能力，通过整合 RPA、机器学习等智能技术，增强机器人流程自动化的认知能力，打造 AI 智能机器人，全面提升企业的智慧能力。而财务公司可以通过引入RPA技术，将前沿的信息技术直接转化为企业可以产生直接价值的、更加经济的虚拟劳动力，加速企业的数字化转型之路。

6.3.2 移动互联

对于财务共享服务中心来说，移动互联网的应用其实并不新奇。在2G时代，一些企业就试图通过手机短信或WAP访问的方式进行简单的移动审批，当时所能交互的信息非常有限。随着网络条件的不断改善，基于App方式的在线审批日趋流行，信息内容日益丰富。在所实施的项目中，移动审批能够对单据影像实现实时调阅，通过移动终端进行数据报表的展示，这也是财务共享服务中心应用的一种形式。随着数据管理职能更大程度地被纳入财务共享服务中心，基于移动终端的数据发布成为改善用户体验的重要形式。实时性、形象化能够在移动智能终端得到完美体现。随着App的普及，在一个移动应用中集成较多的财务共享功能已成为趋势。一些企业将员工商旅的申请、机票酒店预订、事后报销整个流程集成到移动应用中。员工能够通过移动终端拍照的方式发起报销申请，并依托员工信用机制进行事后的抽样审核，大大提升了一线业务人员的报销时效和满意度。

1. 移动审批

移动审批将费控系统中的审批环节迁移到移动端，使得业务领导的审批不再受到地域的限制。而移动端的迁移可以通过两种方式实现，其一是建立独立的App应用，将信息相对简化地进行移动展示；其次是通过移动设备的浏览器直接进行费控系统审批界面的访问，后者能够获取更多信息，但展示效率较低。

2. 移动决策支持

移动决策支持通过移动应用，将展示频率需求较高的报表及指标进行展示。移动决策支持的用户以各级业务部门管理者为主。因此，展示的友好性、需求匹配的精准性，以及适当且简单的自定义报表功能对于移动决策支持都是非常重要的，也决定了移动决策支持是否能够广为接受。

3. 移动商旅及报账

移动商旅及报账将移动应用与企业商旅系统、费控系统相集成，实现从移动端进行机票、酒店的事前申请、审批、商旅执行管理，以及事后通过移动客户端进行表单填写、原始票据拍照采集等报账处理。结合信用管理，实现移动商旅及报账，能够进一步提升报账速度，提升员工满意度。

4. 移动运营管理

移动运营管理将财务共享服务中心的内部运营管理向移动端进行移植，员工能够通过移动端查看自身的绩效情况，进行考勤、请假、任务调整申请等处理，以及移动端在线培训、学习，从而构建一套基于各种移动互联应用场景下的财务共享运营管理体系。

5. 移动客户服务

财务共享服务中心的各类客户已经普遍移动化，在这种背景下，财务共享服务中心建立移动渠道的客户服务方式已无可避免。鉴于微信应用的高度普及化，财务共享服务中心可以选择建立企业号、服务号及订阅号，面向公司内、外部客户提供移动渠道的服务支持。

6.3.3 商旅平台

商旅平台为企业领导与员工提供集出行、预订、报销为一体的全流程服务，提升出行体验，包括出差申请、差旅行程确认、报销记账、商旅管理等。

1. 出差申请

跨部门多人同行，一人全部审批，多成本中心自动分摊，审批流程可以实时、完整显示。区分不同的出差类别，定向生成对应报销单，出差申请关联费用项目、关联成本中心。

2. 差旅行程确认

在线查询航班、预订机票、查询酒店、预订酒店、点评分享、查询火车班次、余票、在线预订火车票，App叫车或者出租车并对历史行程进行查询。

3. 报销记账

出差补助自动计算生成，实现多种差旅场景，预设记账模板，多次出差可一次生成报销单进行报销，出差申请完整信息和审批流转可在报销单中查看、打印，票据拍照OCR识别，批量一键推送报销，推单自动关联出差申请单，避免二次审批。

4. 商旅管理

在线实时管理员工费用确认情况，账单智能比对，自动识别异常订单。实现个人、部门、单位多维度组合差旅数据分析和超标情况专项分析报告，为个人差旅规划、企业差旅规定制定、费用管理提供决策支持。

6.3.4 云计算

"云计算"是一种基于互联网的计算方式，可以将共享的软、硬件资源和信息按需提供给计算机和其他设备。广义上，云计算包括后台硬件的云集群、软件的云服务、人员的云共享等不同的形态。

硬件方面，云计算通过充分共享网络硬件资源，利用私有云有效降低财务共享服务系统的 IT 投入。此外，通过云存储，也可降低因为采用影像技术所带来的财务共享服务中心的存储成本。

软件方面，云计算能够免除企业的软件开发和硬件投入。由软件厂商通过软件即服务模式部署的应用能够降低成本，供企业租用。但这种模式也存在个性化不足的问题，难以根据企业财务共享服务中心的要求进行差异化定制，也难以实现与企业内部现有的管理系统的集成。人员的云共享是一种特殊形态的云计算，可以把财务共享服务中心自身理解为服务端，为大量的客户端提供云端服务。当这种服务从企业步入社会，掌握了优质的信息系统和线上线下网络资源的企业将从云服务中获利，获得大量的服务外包收益。

6.3.5　大数据

"大数据"本身的概念非常多样化。当这个概念被提出后，传统的数据分析被广泛地纳入大数据的范畴。即使最原始的定义已难以追溯，但随着数据技术从关系型数据库到数据仓库，到联系分析，再到数据挖掘和可视化，大数据的技术手段越来越丰富，以 Hadoop 为代表的技术架构是近期财务大数据技术的典型代表。大数据的概念被提出后，商业管理对其在客户服务领域的应用最为关注。以客户为中心是理解财务共享服务中心和大数据结合的基石。在财务共享服务的流程中，从销售到收款流程皆与客户有关。在该流程中，分析客户的付款行为，评估客户的信用等级，洞察客户的信用风险，预测信用额度策略对销售收入的影响具有非常重要的意义。此外，财务共享服务中心结合大数据能够对自身的职能范围产生一次质变。当财务共享服务中心具备了数据管理基础和技术手段后，绩效分析、预算分析、盈利分析等内容都将成为可能。在这种模式下，财务共享服务中心将从原先的费用中心、报账中心、结算中心衍生出数据中心的职能。另外，财务共享服务中心对于影像技术的广泛使用获取了大量的非结构化数据，当这些数据积累到一定程度后，能够实现从量变到质变的转换，通过探究大数据本源，从非结构化数据中发现相关性，从而为企业获取更多的商业信息，创造商业价值。财务共享服务与大数据的结合主要是在决策优化和绩效提升及客户视角的应用。

此外，数据的管理和分析工作还具有技术复杂性。在通常情况下，最终落成模型和指标，需要构建企业级的数据仓库，建立数据集市，并依托展示工具将结果进行对外发布。在这个过程中，在投入大量技术的同时，如何保证前端来源数据的可用性和可靠性也是个难题。在数据的加工处理的过程中，通过技术手段保证处理效率也是必须要解决的问题。因此，要想依托数据进行决策优化和绩效提升来达到理想的效果并不容易，而财务共享服务和大数据的结合，推动了这一进程。

一方面，财务共享服务中心对于自身的价值提升诉求已经达到一定阶段，自身有强烈的意愿去承担数据管理的职能，并发挥积极的推动作用。另一方面，企业中的财务部门具有数据优势，大量的数据汇集让财务部门承担起数据管理的职能。财务共享服务中心自身运营管理的专业化弥补了传统财务部门在数据处理专业化能力上的不足，为财务承担数据管理的职能提供了可能性。另一方面，大数据的概念在企业得到了高度的重视，企业已经意识到投入数据技术势在必行。在这种背景下，长期以来令人困扰的数据治理、技术工具、硬件平台的投入问题得到改善。尽管有了这些，并不等同于企业建立了大数据能力，但它为数据管理的落地提供了技术上的可能性。

基于以上两个契机，财务共享服务中心结合技术平台将自身提升为数据管理中心具有一定可行性，在未来可能将成为主流。但企业必须认识到，财务共享服务中心向大数据方向的功能拓展仍然是一个热议话题。由于数据分析需要有丰富的业务洞见能力，单一地依靠财务共享服务中心所分析的数据结果很有可能会出现结论的片面性，并脱离业务实质。当前可以考虑将数据分析进行流程分段。财务共享服务中心在其中承担数据管理和提供基于系统、模型、逻辑的标准化和口径统一的分析报表的职责，而战略财务和业务财务以财务共享服务中心提供的输出作为基础和线索，展开更为深入、贴近业务实质的分析工作，并直接面向业务用户提供决策支持服务。财务共享服务中心最终能否实现向大数据方向的功能拓展还需实例验证，并最终决定其可行性。这种例证不仅取决于数据库的物理位置和日常操作者的身份，更需要业务部门的最终认可。

案例

E 集团财务共享服务中心新技术

财务共享服务中心的特点集中体现在聚焦数据上，除了满足外部监管机构、资本市场、审计税务等信息披露的要求外，通过流程再造实现数据的全面化、标准化、显性化和规范化，进一步夯实数据质量。企业获取数据不再是简单地由人输入到计算机，更多的是机器通过感应设备获取信息。存储数据不再只是企业自身产生的数据，还包括外部数据、社会数据等。数据加工不再是以财务人员对业务数据进行财务判断，更多的是以系统为主的规则进行判断，人为辅助确认。依托科技，新一代技术的广泛应用已成为驱动新一轮财务管理变革的主要动力。大数据、云计算、光学识别、机器学习等技术的蓬勃发展，为财务共享平台的资金管理、会计核算、应收应付管理等模块在功能实现上提供了更多的可能。丰富职能，利用"互联网＋云"，可逐步搭建基于"采购共享＋财务共享＋税务共享"的业财税一体化智能共享平台，从后端财务向前端业务延伸，通过对接上、下游产业链企业、合作金融机构、外部监管系统，打通企业的业务流和财务流，实现交易透明化、流程自动化、数据真实化。传统信息技术是为了将IT与业务紧密结合，使得业务可以产生相关的数据，进而提升该业务的发展。数字化转型的目的是从数据出发，借助大数据、云计算、人工智能等技术手段对业务进行改造和创新。一是大数据技术的出现，使得财务所能够使用的数据量级发生改变，使得数据从财务向业务、结构化向非结构化、内部向外部的三个方向的扩展能够得到有力的技术支持。二是人工智能技术的发展和突破对数据的获取和收集、分类和处理、辅助决策方面提供了可行的技术支撑，大大提高了数据资源的采集能力和数据的质量，使企业决策更加精准、科学和有效，从而更好地预测企业未来的发展。三是区块链的去中心化、分布式和不可篡改等特点，将会成为数字化转型的关键技术。区块链将个体串联成一个网络，重新构建信任机制和价值网络，会极大地颠覆现有的财务管理和共享服务模式。以上三大技术的创新应用，能够有效实现财务共享服务智能化场景的落地，使得财务的各类主线流程发生颠覆式变革。

一、E集团共享中心通过影像技术(OCR)发挥智能化应用价值

E集团之前的费用报销方式是传统的贴票、审批处理到财务入账、付款。而其在当前数字化环境下的费用报销已全部转变为线上审批，通过影像技术(OCR)能够将附件(发票)的非结构化信息全部结构化，自动控制发票的备注或者文字信息，以免出现敏感词汇(如"烟酒"等)，实现传统方式下无法实现的控制诉求。

E集团目前采取网站的发票验证方式，通过数字化手段自动采集票面信息、发票数据并自动识别全票面信息，自动和税局底账库进行连接，进行发票真伪验真并能够留底数据，实现税务数据分析，助力税收筹划。

二、E集团通过共享云平台为企业"赋能"

云计算是一种新型并且与企业有着密切关系的信息化技术，对于企业财务管理的优化有着非常重要的作用，并且也推动着财务共享服务的革新，提升财务共享服务的数据运算力。在传统模式下的财务共享服务中心仍停留在发票、凭证、核算、支付的集中处理上，未真正地实现数据的实时处理和共享。而云计算技术的推广和应用，会计数据化在信息存储和安全保密等方面的问题会得到妥善解决。

搭建E集团共享中心云平台，提升E集团的数据算力，为企业赋能。一是降低企业的信息化建设成本，二是实现企业的内部协同和外部协同，三是云计算的高效、准确、灵活等诸多优势必将进一步提高财务共享服务中心工作人员的效率，通过云平台的赋能产生规模效应。

三、基于数据挖掘构建智能财务决策

数据挖掘技术是从大量的数据中发现隐藏的、有价值的知识与信息，人工智能技术是通过模拟专家利用的知识与逻辑对复杂问题的求解和推理能力，这些新型的技术为基于大数据的财务分析、构建财务决策系统提供了强大的技术支持。利用这些技术，可以实现会计信息系统从核算型转变成经营决策型，为管理与决策者提供有帮助的智能型人机交互信息系统。E集团财务共享服务中心通过数据仓库技术，即联机分析处理（OLAP）技术、数据挖掘（DM）技术、人工智能技术构建智能财务决策支持系统，实现财务决策管理的网络化与智能化。

四、E集团财务共享服务中心通过机器人促进管理会计体系建设

财务共享服务中心的建设为管理会计的发展提供了更全面、更真实的数据基础。其将全公司的会计核算工作集中到一个平台进行，实现了全公司数据的集合化，分、子公司的数据不再分散管理，避免了信息的割裂和各自为政，这不仅大大降低了管理会计基础数据的获得成本，还大大提高了这些基础数据会计信息的可靠性，促进业财一体化。通过机器人实现银行对账单记录自动下载，并自动按要求整理成导入格式，自动导入对账单，完成银企对账工作，定期生成余额调节表，以邮件的方式反馈对账结果，提高效率，防范风险。

本章小结

在数字经济时代，财务共享服务中心的信息系统需要业务驱动，不断地迭代优化，最大可能地发挥出财务管理的职能和功能作用。同时，通过引用新技术，紧跟时代潮流，不断升级系统功能，适应业务的发展变化，才能为客户创造更大的价值。

第7章 财务共享服务中心客户服务管理体系

财务共享服务中心客户服务管理是指对财务共享服务中心客户服务工作进行长期有效控制，明确服务规范，及时处理客户投诉，建立服务水平协议机制，提高客户服务的满意度，不断提高财务共享服务中心的专业水平与服务能力。

7.1 客户服务管理体系

客户服务体系是以客户为中心,以提升企业知名度、美誉度和客户忠诚度为目的的企业商业活动的一系列要素构成,其核心包括客户服务的定义、客户服务的理念和客户服务的内涵,如图7-1所示。

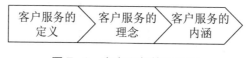

图 7-1 客户服务管理体系

7.1.1 客户服务的定义

客户服务管理是指企业为了建立、维护并发展顾客关系而进行的各项服务工作的总称,其目标是建立并提高顾客的满意度和忠诚度、最大限度地开发利用顾客。主要是针对企业单位开发新客户及维护老客户形成的一个对客户的联系、服务、售后体系,定期形成管理记录档案。

7.1.2 客户服务的理念

客户服务管理的核心理念是企业全部的经营活动都要从满足客户的需要出发,以提供满足客户需要的产品或服务作为企业的义务,以客户满意作为企业经营的目的。客户服务质量取决于企业创造客户价值的能力,即认识市场、了解客户现有与潜在需求的能力,并将此导入企业的经营理念和经营过程中。优质的客户服务管理能最大限度地使客户满意,使企业在市场竞争中赢得优势,获得利益。

7.1.3 客户服务的内涵

客户服务管理是了解与创造客户的需求,以实现客户满意为目的,企业全员参与全过程的一种经营行为和管理方式。它包括营销服务、部门服务和产品服务等几乎所有的服务内容。客户服务是一个过程,是在合适的时间、合适的场合,以合适的价格、合适的方式向合适的客户提供合适的产品和服务,使客户合适的需求得到满足,企业的价值得到提升的活动过程。

7.2 财务共享服务中心客户服务体系

财务共享服务中心客户服务体系包括客户服务组织、客户服务工具、客户服务制度、客户服务反馈机制四个核心内容,如图7-2所示。

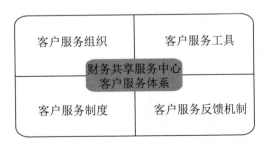

图7-2 财务共享服务中心客户服务体系

7.2.1　客户服务组织

1. 财务共享服务中心

财务共享服务中心作为服务方,为与其签署服务水平协议的成员单位提供以下财务共享服务。

(1) 按照服务水平协议约定的服务类型和服务内容为客户提供服务。

(2) 按照服务水平协议约定的服务水平为客户提供优质服务。

(3) 由于客户原因导致财务共享服务中心不能履行承诺的服务水平,财务共享服务中心可免除责任。

(4) 由于不可抗力导致财务共享服务中心不能履行承诺的服务水平,财务共享服务中心可免除责任。

2. 各业务组

各业务组作为主要客户服务提供主体,按照服务水平协议为协议成员单位提供以下主要业务服务。

(1) 按照服务水平协议规定的服务范围和内容进行业务处理。

(2) 各业务组是问题沟通和投诉建议的第一接口部门,负责具体咨询及问题的分析、整理和应答。

(3) 负责对相关咨询及问题进行记录、跟踪与反馈。

3. 客户服务岗

客户服务岗负责处理财务共享服务中心接到的咨询与投诉工作,具体工作包含以下几项内容。

(1) 负责日常问题的分析与整理,并视具体情况提出改进的需求和建议。

(2) 负责日常投诉及建议的收集与分析。

(3) 维护和管理内部客户关系,调查和跟进客户满意度,提出优化建议,制定并实施改进方案。

(4) 负责在工作范围内进行与业务单位、后台部门的沟通与协作。

(5) 负责通过电话、邮件、内部沟通平台等方式解决公司内部员工的疑问。

7.2.2　客户服务工具

客户服务是连接客户和财务共享服务中心的桥梁，通过客户的咨询、反馈、投诉等问题发现财务共享服务中心存在的不足，以加强服务规范，改善服务理念。客户服务的目的就是通过增加用户对财务共享服务中心的满意度，从而提升财务共享服务中心的信誉和口碑。客户服务对财务共享服务中心的长期发展有重要的作用。在企业内部，财务共享服务中心的首要服务对象是企业内部人员，他们是财务共享服务中心的直接客户。怎样为此类用户提供优质的服务，提升他们的满意度，对财务共享服务中心是极为重要的问题。

通过培养业务骨干并借助实施商的力量组成客户服务团队，不仅负责应急事务处理、对有争议的业务问题提出解决方案，还能在专业咨询、信息提供等方面为企业提供更及时、更高质量的服务。特别是单据提报全面面向业务端之后，会有很大部分企业人员对系统和具体提报业务不熟悉，客户服务小组就可以通过电话、微信、QQ等方式进行指导，帮助其完成业务的提报和处理。

另一方面，针对问题，实行"专人跟单、专人反馈"，充分利用电话、微信、QQ等现代信息交流平台，确保沟通渠道顺畅。对可以纠正的错误，由对接人进行协调、沟通、更正，不轻易退单。这样不仅给企业的工作带来了便利，也提高了双方的工作效率。同时，简化沟通协同的步骤，将电话录音、聊天记录等也作为划分企业与财务共享服务中心责任的依据，这样不仅可以减轻两端人员的负担，也可以减轻信息系统的负担，提高业务处理的效率。

1. 建立标准化的服务流程

利用现代化的管理手段、技术建立系统化的、标准化的服务流程，使每一个节点的服务都能细化到人、精确到点，做到服务有据可依，结论有据可查。

2. 提供个性化的服务

要抓住每个客户的个性化需求，对客户进行细分，从而做到"量身"定制并提供差异化的服务。设置独立的对接人岗位，进行专门的针对性沟通。

3. 精准分析客户诉求

扣除其他因素，客户投诉也从侧面暴露出财务共享服务中心在日常工作中的不足和问题。由于投诉往往涉及广大客户的切身利益，处理客户投诉时要学会换位思考，要切实贯彻"以客户为中心"的服务理念，要以客户利益为重，以客户期盼为念，坚持思想上尊重客户、感情上贴近客户、工作上依靠客户，着力解决好客户最关心、最直接、最现实的利益问题。把客户的投诉作为提升工作质量的原动力，妥善圆满地解决客户投诉。

7.2.3　客户服务制度

根据客户服务管理流程优化方案，将服务管理水平划分为不同级别，通过制定服务水平制度，设定服务水平的考核指标体系，促进客户服务管理流程优化具体措施的落实。

此外，还需制定安全管理制度，明确系统安全、环境安全、流程安全等多方面的制度规定，保证在服务管理流程优化过程中不发生安全事故；同时还要制定操作管理制度，划分不同操作岗位的职责，规范操作行为，明晰操作范围，划定操作权限等，降低客户服务管理流程优化中由于操作失误带来的风险及损耗。

7.2.4 客户服务反馈机制

投诉管理是指针对客户对财务共享服务中心所提供的费用报销、资金支付以及其他财务服务事项提出异议、表达不满而采取的一种客户管理行为。客户投诉管理不仅仅是处理客户投诉的问题，而且是通过对问题的分析，帮助财务共享服务中心及时发现服务中的缺陷与不足，及时提升服务水平，提升客户满意度。投诉管理需要将问题类型分为账务处理错误、系统故障和新增需求三个大类，并针对问题制定以下反馈机制。

(1) 财务共享服务中心负责收集建议、问题以及优化建议。

(2) 相关负责人组织问题调研，进行问题的诊断。

(3) 相关负责人组建运营管理优化团队，针对存在的问题，寻找有效管理手段，找出初步的优化方案，并输出相应的标准化文档。运营管理优化时要充分考虑国家财经制度与法规、会计核算办法、公司内部管理制度等企业内外部各项制度与政策。

(4) 相关负责人要组织人员根据初步的优化管理方案进行流程测试与检验，根据测试结果优化方案，并对优化后的方案进行标准化审核。

(5) 将审核修订后的流程方案文档及流程评估结果提交财务共享服务中心负责人审批。

(6) 审批通过后，进行发布。

为了进一步提高问题应对效率，还需要在以下几个方面进行优化。

1. 提高客户服务处理效率

首先，应加强对客服人员的定期培训。财务共享服务中心要求客服人员不仅要掌握客服相关知识，也应具有一定的财务专业知识，及时为客户解决问题，并要求如遇到无法解决的问题，及时转由主管或其他同事帮助解决，避免造成无人解答问题的情况。其次，应增加客户满意度调查机制。为增加客服人员工作的积极性及对专业知识学习的热情，共享服务中心应设立客户满意度调查机制，将客服人员处理问题的效率及专业性纳入绩效考核的范围，客户满意度高的员工将得到一定的奖励。最后，应对审核的业务做出分类。客服人员负责对共享中心各业务流程的问题进行解答，对业务进行分类，在客户进行咨询时便可针对问题找到合适的人员来解答，为客户提供更加及时、专业的服务。

2. 建立有效的客户调查机制

客户服务不仅要对客户提出的问题予以解决，还应当定期进行客户调查。财务共享服务中心的客服人员应定期以电话、邮件等方式与集团的内、外部客户进行服务需求调查，了解集团在客户服务方面待改善之处。管理层也应加强对客服人员专业能力的培养，并及时收集客户服务管理制度问题的反馈，形成由客户到客服人员再到高级管理者的全面反馈机制。客户服务作为体现财务共享服务中心运营中客户满意程度的重要环节，应提升客服人员对客户需求的感知能力，做到遇到问题及时反馈、及时改进，提升自我服务意识。

3. 设置紧急事项处理等级

建立财务共享服务中心后，各分、子公司的付款、报销单据都推送至财务共享服务中心进行统一处理，这样可能会导致大量的紧急事项的待审批单据堆积一起，无法判断事项的紧急程度，耽误紧急事项的解决进程，进而增加集团的运营风险。对于分、子公司的紧急事项，首先应规定可以使用紧急审批流程的情况，如不符合则应按照普通流程审批，根据单据推送的时间依次处理；其次，对于可以使用紧急审批流程的情况，应设置紧急事项处理等级，在保证原有审批流程不变的情况下，优先推送紧急程度较高的单据进行审批；同时可以开通紧急事项催办功能，当普通审批事项突然需要提前付款时，可以利用催办功能来缩短等待业务处理的时间。对于一些首次发生的特殊报销事项，集团可增加特殊事项报销流程，通过此流程对特殊报销事项进行专门处理，并附上相关证明材料。对于日常原始单据的信息上传工作，也需增加原始单据扫描件等辅助材料的上传环节，保证单据信息的真实性。通过对紧急事项、特殊事项的及时处理及对日常事项的强化管控，可以增强集团的内部控制水平，降低集团运营风险。

4. 增强信息系统管理水平

对于财务共享服务中心的有效运行来说，网络的稳定性十分重要。应充分重视网络运行的日常维护，配备专业的网络安全技术人员，优化公司的网络架构及路由体系，并进行定期维护，保证网络的稳定性、安全性。财务共享服务中心信息系统应将各业务流程紧密地连接起来，加强财务信息上传的规范性、标准性，降低因信息上传错误而造成的运营风险。同时，为增加信息系统的灵活性，可将财务共享服务平台引入手机客户端，通过引入单据审批功能及客服咨询功能，增强单据审批功能的机动性、客户问题咨询的及时性。财务共享服务中心应注重信息平台的维护，制定具有实用性、可操作性的信息平台使用制度，保证信息系统的稳定运行。对于信息系统的风险管理应将职责明确到具体负责人，并加强对负责人信息安全知识的培训，提高员工信息系统安全责任意识。并且应建立完备的信息系统风险预警机制，合理预测未来可能出现的风险，并做好预防措施以规避风险。

7.3 客户满意度管理

客户满意度是指客户的期望值与客户体验的匹配程度,提高客户满意度可以从转变服务观念、提升业务能力、提高信息技术水平、完善运营体系四个方面入手。

7.3.1 转变服务观念

财务共享服务中心须转变服务观念,以顾客需求为导向,想顾客之所想,为公司内部和外部客户提供服务。传统的服务附属于产品之上,以产品为主,服务为辅,随着产品实现销售,服务随之结束;而财务共享服务中心的服务要求更加全面,从理念上将业务处理变成服务,把服务变成商品,以服务为中心,区别客户、产品,进行更为深入、全面的服务,关注价值链上的满意度和客户体验,具有客户体验管理的能力;保持良好的客户关系,设计量化与客户的沟通指标,对与客户的沟通效果进行评价,能主动做出改善客户关系或客户感受的努力,提升财务共享服务中心的服务水平和满意度。

7.3.2 提升业务能力

员工的能力包括员工的专业能力、创新能力、沟通能力和学习能力。一是对组织内部员工的培训及学习氛围的营造;二是在组织内培养对创新性事物的接受程度及主动创新的动力和能力;三是建立企业知识库,实现知识的更新迭代,同时不断提升组织管理的成熟度,随着管理成熟度的提高、绩效管理、人员管理、服务管理和知识管理也越来越受到重视，可以调动财务共享服务中心人员的积极性，建立健康、协作的成长型、学习型组织；四是熟练学习掌握内部和外部知识，财务共享服务中心的制度体系分为外部制度和内部制度，内部制度包含服务标准承诺、员工报销手册、业务规范等，外部制度包括国家会计准则、财税制度的变化，以及服务对象业务的变化等，财务共享服务中心须对相关知识进行持续学习和更新优化。

7.3.3　提高信息技术水平

财务共享服务是一种创新的管理模式，其本质是由信息网络技术推动的运营管理模式的变革和创新。信息技术对于财务共享服务中心提升服务质量具有重要作用，对报账单填写、财务审核、交易处理、资金结算、对账等对人工操作耗用极大的基础业务，可以通过使用计算机自动完成处理。如图像识别、语音识别、自然语言处理、机器学习等人工智能技术的应用，将帮助企业实现对业务的智能化处理，降低企业和财务共享服务中心基础数据的输入、过程、输出管理工作，极大地提高基础业务的处理效率和处理质量。为实现上述技术成果，这些技术还必须更加友好和人性化，开发系统时应关注界面的可操作性，操作方式简洁明了，说明信息尽量使用通俗易懂的非专业性词汇等。

7.3.4　完善运营体系

财务共享服务中心的运营必须有体系化和长效化的良好机制，才能保证服务能力的不断提升。一是丰富服务管理工具，包括服务热线、公共邮箱、即时通信工具等,通过逐单反馈、电话访谈,以及调查问卷等方式收集客户的反馈,进行服务质量测定,对服务的短板开展有针对性的改进。二是提升投诉管理效率。财务共享服务中心应能够迅速分析原因,解决问题,向客户表明财务共享服务中心重视服务质量和客户满意度。三是与客户签订服务水平协议,包括服务的内容、最低可接受的服务水平、顾客许诺、例外事项的解决流程、双方的沟通渠道等,在帮助更好地达成顾客期望的同时,也向客户表明财务共享服务中心能够提供的具体的服务内容和服务水平,以不至于使客户对财务共享服务中心的期待过高,导致不满和失望。四是提高内部的协作水平,运营支撑团队的成员在组织运营中,需要将流程、系统、质量、绩效、培训、服务标准化等各方面的运营管理规定落实到各个业务单元,确保各个业务单元的规范运作,使得财务共享服务中心能够及时响应前端需求,不断提升客户满意度。

案例

F 公司客户满意度调查

F 公司客户满意度调查问卷

F 公司客户满意度调查具体评价维度说明如下。

(1)"非常满意"表示财务共享服务中心提供的服务已经达到您的期望,对应分数为 100 分。

(2)"满意"表示您对财务共享服务中心提供的服务表示认可、肯定,对应分数为 75 分。

(3)"比较满意"表示财务共享服务中心提供的服务基本达到您的要求与标准,对应分数为 50 分。

(4)"不满意"表示财务共享服务中心提供的服务未能符合您的要求,

给您的工作带来不便，同时给您带来愤怒、抱怨，对应分数为 25 分。

（5）"非常不满意"表示财务共享服务中心提供的服务有严重的缺陷，给您的工作带来极大不便，同时给您带来了极大的愤慨与恼怒，对应分数为 0 分。

（6）未有工作接触，无法做出评价，表示此项测评不计入总分值。

第一部分　客户基本情况

1. 请您选择所属单位

请您填写所属公司名称

请您填写所属部门名称

请您填写姓名、联系方式

2. 请您选择职位

○公司领导　　○中层　　○普通员工

3. 请您选择您在共享平台常用的角色

○提单人（业务部门）　○提单人（财务部门）　○审批人（公司领导及业务部门审批人）　○审批人（财务主任及财务部门审批人）

4. 请您选择您在财务共享平台常用的业务模块（可多选）

□费用报销业务　□应收业务　□应付业务　□总账业务　□资产业务　□资金业务

5. 请您选择您使用报账平台的频率

○经常使用（每天）　○偶尔使用（每周）　○基本不使用

第二部分　服务质量评价

1. 整体满意度评价

您对财务共享服务中心质量整体的满意度如何？

○非常满意　○满意　○比较满意　○不满意　○非常不满意　○未有

工作接触，无法做出评价

若评价"不满意"及"非常不满意"选项时，将弹出：您认为该项服务应该在哪些方面进行优化改进？（多选）

□资金付款时效　□单据审核时效　□退单或外协处理　□其他(请举例说明)

2.具体业务模块满意度评价

(1)您对"费用报销业务"模块服务的满意度如何？

○非常满意　○满意　○比较满意　○不满意　○非常不满意　○未有工作接触，无法做出评价，

若评价"不满意"及"非常不满意"选项时，将弹出：您认为该项服务应该在哪些方面亟待提升？（多选）

□业务类型缺少（请举例说明）　□入账及时性　□入账准确性　□外协或退单处理　□其他(请举例说明)

(2)您对"应收业务"模块服务的满意度如何？

○非常满意　○满意　○比较满意　○不满意　○非常不满意　○未有工作接触，无法做出评价

若评价"不满意"及"非常不满意"选项时，将弹出：您认为该项服务应该在哪些方面亟待提升？（多选）

□业务类型缺少(请举例说明)　□入账及时性　□入账准确性　□外协或退单处理　□客户清账　□其他(请举例说明)

(3)您对"应付业务"模块服务的满意度如何？

○非常满意　○满意　○比较满意　○不满意　○非常不满意　○未有工作接触，无法做出评价

若评价"不满意"及"非常不满意"选项时，将弹出：您认为该项服务应该在哪些方面亟待提升？（多选）

□业务类型缺少(请举例说明) □入账及时性 □入账准确性 □外协或退单处理 □供应商清账 □其他(请举例说明)

(4) 您对"总账业务"模块服务的满意度如何?

○非常满意 ○满意 ○比较满意 ○不满意 ○非常不满意 ○未有工作接触,无法做出评价

若评价"不满意"及"非常不满意"选项时,将弹出:您认为该项服务应该在哪些方面亟待提升?(多选)

□业务类型缺少(请举例说明) □入账及时性 □入账准确性 □外协或退单处理 □其他(请举例说明)

(5) 您对"资产业务"模块服务的满意度如何?

○非常满意 ○满意 ○比较满意 ○不满意 ○非常不满意 ○未有工作接触,无法做出评价

若评价"不满意"及"非常不满意"选项时,将弹出:您认为该项服务应该在哪些方面亟待提升?(多选)

□资产业务核算 □固定资产折旧计提 □其他(请举例说明)

(6) 您对"资金业务"模块服务的满意度如何?

○非常满意 ○满意 ○比较满意 ○不满意 ○非常不满意 ○未有工作接触,无法做出评价

若评价"不满意"及"非常不满意"选项时,将弹出:您认为该项服务应该在哪些方面亟待提升?(多选)

□票据业务 □内部转户业务 □其他(请举例说明)

3. 其他专项服务满意度评价

(1) 您对财务共享服务中心"主数据维护"服务的满意度如何?

○非常满意 ○满意 ○比较满意 ○不满意 ○非常不满意 ○未有工作接触,无法做出评价

若评价"不满意"及"非常不满意"选项时,将弹出:您认为该项服务应该在哪些方面亟待提升?(多选)

☐维护及时性　☐维护准确性　☐其他(请举例说明)

(2)您对财务共享服务中心"月结"服务的满意度如何?

○非常满意　○满意　○比较满意　○不满意　○非常不满意　○未有工作接触,无法做出评价

若评价"不满意"及"非常不满意"选项时,将弹出:请详细描述不满意的具体原因并具体举例,以便财务共享服务中心下一步采取针对性的措施进行改善和优化。

(3)您对财务共享服务中心"年结"服务的满意度如何?

○非常满意　○满意　○比较满意　○不满意　○非常不满意　○未有工作接触,无法做出评价

若评价"不满意"及"非常不满意"选项时,将弹出:请详细描述不满意的具体原因并具体举例,以便财务共享服务中心下一步采取针对性的措施进行改善和优化。

(4)您对财务共享服务中心"报表承接"服务的满意度如何?

○非常满意　○满意　○比较满意　○不满意　○非常不满意　○未有工作接触,无法做出评价

若评价"不满意"及"非常不满意"选项时,将弹出:请详细描述不满意的具体原因并具体举例,以便财务共享服务中心下一步采取针对性的措施进行改善和优化。

第三部分　沟通质量评价

1.您对财务共享服务中心沟通整体的满意度如何

○非常满意　○满意　○比较满意　○不满意　○非常不满意　○未

有工作接触，无法做出评价

若评价"不满意"及"非常不满意"选项时，将弹出：您认为该项服务应该在哪些方面进行优化改进？（多选）

☐沟通途径　☐沟通及时性　☐沟通准确性　☐沟通人员专业能力　☐沟通人员服务态度　☐其他(请举例说明)

2. 您在使用财务共享服务中心平台时碰到问题时，目前在用的共享沟通渠道包括以下哪些方式(多选)

☐人员座机　☐QQ运维群　☐QQ月结群　☐腾讯会议　☐业务组组长　☐微信小程序　☐其他(请举例说明)

选择完成后将弹出：针对此项未来希望实现的方式是什么？

3. 您目前通过以下哪些方式了解财务共享服务中心制度及注意事项(多选)

☐运营情况通报　☐微信公众号　☐QQ群文字通知　☐业务操作规范　☐其他(请举例说明)

选择完成后将弹出：针对此项未来希望实现的方式是什么？

4. 您目前在用的投诉渠道包括以下哪些方式(多选)

☐座机　☐QQ群　☐腾讯会议　☐联系人　☐业务组组长　☐专用投诉邮箱　☐微信小程序　☐其他(请举例说明)

选择完成后将弹出：针对此项未来希望实现的方式是什么？

5. 您目前参与的财务共享服务中心培训包括以下哪些方式(多选)

☐现场培训　☐专题培训　☐其他(请举例说明)

选择完成后将弹出：针对此项未来希望实现的方式是什么？

6. 您对财务共享服务中心的"培训和宣贯的频率"满意度如何

○非常满意　○满意　○比较满意　○不满意　○非常不满意　○未有工作接触，无法做出评价若评价"不满意"及"非常不满意"选项时,将弹出:请详细描述不满意具体原因并具体举例,以便于财务共享服务中心下一步采取针对性的措施进行改善和优化。

7. 您对财务共享服务中心组织培训"满足业务实际需要"满意度如何

○非常满意 ○满意 ○比较满意 ○不满意 ○非常不满意 ○未有工作接触,无法做出评价

若评价"不满意"及"非常不满意"选项时,将弹出:请详细描述不满意具体原因并具体举例,以便于财务共享服务中心下一步采取针对性的措施进行改善和优化。

8. 您希望未来财务共享服务中心哪些方面的培训(多选)

□基本财务制度 □共享模式流程 □共享模式操作指引 □其他(请举例说明)

第四部分 系统使用评价

1. 您对财务共享平台系统整体使用的满意度如何

○非常满意 ○满意 ○比较满意 ○不满意 ○非常不满意 ○未有工作接触,无法做出评价

若评价"不满意"及"非常不满意"选项时,将弹出:您认为该项服务应该在哪些方面进行优化改进?(多选)

□界面效果 □易操作性 □系统功能 □运行速度 □稳定性 □需求实现 □知识传递 □运维质量 □其他(请举例说明)

2. 您对财务共享服务中心"系统、流程问题解决及优化的消缺"服务满意度如何

○非常满意 ○满意 ○比较满意 ○不满意 ○非常不满意 ○未有

工作接触，无法做出评价

若评价"不满意"及"非常不满意"选项时，将弹出：请详细描述不满意具体原因并具体举例，以便于财务共享服务中心下一步采取针对性的措施进行改善和优化。

3.您期望的回访频次是

○每年一次 ○每半年一次 ○每季度一次 ○多多益善

4.您认为财务共享服务中心当前最需要加强或改善的地方

□报账流程 □审批效率 □服务态度 □业务培训 □付款效率 □系统稳定性 □其他(请举例说明)

5.您对财务共享服务系统建设有何意见或建议

6.您是否对财务共享服务中心有其他意见或建议

7.您是否需要财务共享服务中心未来提供更多的服务，如果有请具体说明

非常感谢您宝贵的意见和建议！

本章小结

客户服务管理首先应该准确做好客户定位关系管理，建立专业化、人性化、多样化的客服标准和策略，精准地定位客户分级需求，为客户提供综合性、定制化的客户增值服务及活动，为大客户量身定做差异化的投资策略，还有其他针对客户的人性化的增值服务。在客户服务管理中不断加强

完善保障措施，使得客户服务方案可以有效实施。同时运用规范化、标准化、科技化的内部操作和执行系统，可以更有效地构建服务客户的流程保障，通过不断健全和完善内部的管理流程，员工才能有章可循，也才能更顺畅、人性化地服务好客户。并且随着新的互联网技术的发展，特别是5G的发展，利用大数据的信息技术做保障，也可以更高效地做好客户服务。

第 8 章 财务共享服务中心战略发展

财务共享服务中心战略发展包括战略管理、组织管理和文化管理三个方面。在战略管理方面，通过制定财务共享服务中心长期发展目标，定期检视具体计划执行是否符合长期发展方向，保证财务共享最大化地发挥价值。在组织管理方面，通过审视财务共享服务中心的功能定位、服务范围、运营职责、发展阶段等需求随时调整组织架构、岗位职责等方面，以适应中心的持续发展。在文化方面，根据财务共享服务中心不同的发展阶段，制定相应的团队文化，保证整个团队按照同样的工作习惯、理念、方法等达到统一的目标。

8.1 战略管理

战略管理指对一个企业或组织在一定时期的全局的、长远的发展方向、目标、任务和政策,以及资源调配做出的决策和管理。战略管理包含战略分析、战略选择、战略实施、战略评价与调整四个关键要素,如图8-1所示。

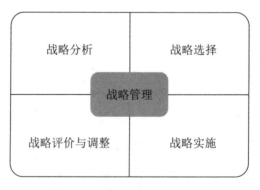

图 8-1　战略管理四要素

8.1.1　战略分析

战略分析的主要目的是评价影响企业发展的关键因素,并确定在战略选择步骤中的具体影响因素。其主要包括三个方面:一是确定企业的使命和目标,它们是企业战略制定和评估的依据;二是外部环境分析,战略分析要了解企业所处的宏观环境和微观环境正在发生哪些变化,这些变化给企业将带来更多的机会还是更多的威胁；三是内部条件分析，战略分析要了解企业自身所处的相对地位，具有哪些资源以及战略能力，还需要了解与企业有关的利益和相关者的利益期望，在战略制定、评价和实施过程中，这些利益相关者会有哪些反应，这些反应又会对组织行为产生怎样的影响和制约。

8.1.2 战略选择

战略分析阶段明确了企业目前的状况，而战略选择阶段所要回答的问题是"企业走向何处"。在制定战略过程中，可供选择的方案越多越好。首先，企业可以从对企业整体目标的保障、对中下层管理人员积极性的调动，以及企业各部门战略方案的协调等多个角度考虑，选择自上而下的方法、自下而上的方法或上下结合的方法来制定战略方案。第二步是评估战略备选方案。评估备选方案通常使用两个标准：一是考虑选择的战略是否发挥了企业的优势，克服了劣势，是否利用了机会，将威胁削弱到最低程度；二是考虑选择的战略能否被企业利益相关者所接受。实际上并不存在最佳的选择标准，管理层和利益相关团体的价值观和期望在很大程度上影响着战略的选择。此外，对战略的评估最终还要落实到战略收益、风险和可行性分析的财务指标上。第三步是选择战略，即最终的战略决策，确定准备实施的战略。

8.1.3 战略实施

战略实施就是将战略转化为行动。其主要涉及以下问题：一是如何在企业内部各部门和各层次间分配及使用现有的资源；二是为了实现企业目标,还需要获得哪些外部资源及资源如何使用;三是为了实现既定的战略目标,需要对组织结构做哪些调整;四是如何处理可能出现的利益再分配与企业文化的适应问题,如何进行企业文化管理,以保证企业战略的成功实施等等。

8.1.4　战略评价与调整

战略评价是通过评价企业的经营业绩,审视战略的科学性和有效性。战略调整是根据企业情况的发展变化,即参照实际的经营事实、变化的经营环境、新的思维和新的机会,及时对所制定的战略进行调整,以保证战略对企业经营管理进行指导的有效性。其包括调整公司的战略展望、公司的长期发展方向、公司的目标体系、公司的战略以及公司战略的执行等内容。

企业战略管理的实践表明,战略制定固然重要,但战略实施同样重要。一个良好的战略仅是战略成功的前提,有效的企业战略实施才是企业战略目标顺利实现的保证。另一方面,如果企业没能完善地制定出合适的战略,但是在战略实施中能够克服原有战略的不足之处,那也有可能最终导致战略的完善与成功。当然,如果对于一个不正确的战略选择,在实施中又不能将其扭转到正确的轨道上,就只有失败的结果。

8.1.5　战略管理的特点

1. 战略管理具有全局性

战略管理是以企业的全局为对象,根据企业总体发展的需要而制定。它所管理的是企业的总体活动,所追求的是企业的总体效果。虽然这种管理也包括企业的局部活动，但是这些局部活动是作为总体活动的有机组成包含在战略管理中的。战略管理不是强调企业某一事业部或某一职能部门的重要性，而是通过制定企业的使命、目标和战略来协调企业各部门自身的表现，是它们对实现企业使命、目标、战略的贡献大小。

2. 战略管理的主体是企业的高层管理人员

由于战略决策涉及企业活动的各个方面，虽然它也需要企业所有的管理者和全体员工的参与和支持，但企业的最高层管理人员介入战略决策是非常重要的。这不仅是由于他们能够统观企业全局，了解企业的全面情况，而且更重要的是他们具有对战略实施所需资源进行分配的权力。

3. 战略管理涉及企业大量资源的配置问题

企业的资源包括人力资源、实体财产和资金，或者在企业内部进行调整，或者从企业外部来筹集。但无论在任何一种情况下，战略决策都需要在相当长的一段时间内致力于实施一系列的活动，而实施这些活动需要有大量的资源作为保证。因此，这就需要为保证战略目标的实现，对企业的资源进行统筹规划，合理配置。

4. 战略管理从时间上来说具有长远性

战略管理中的战略决策是对企业未来较长时期内，就企业如何生存和发展等问题进行统筹规划。虽然这种决策以企业外部环境和内部条件的当前情况为出发点，并且对企业当前的生产经营活动有指导、限制的作用，但是这一切是为了更长远的发展，是长期发展的起步。从这一点上来说，战略管理也是面向未来的管理，战略决策要以管理层所期望或预测将要发生的情况为基础。在迅速变化和竞争性的环境中，企业要取得成功必须对未来的变化采取预应性的态势，这就需要企业做出长期性的战略计划。

5. 战略管理需要考虑企业外部环境中的诸多因素

现今的企业都存在于一个开放的系统中，它们影响着这些因素，但更多的是受这些不能由企业自身控制的因素所影响。因此在未来竞争的环境中，企业要使自己占据有利地位并取得竞争优势，就必须考虑与其相关的因素，这其中也包括竞争者、顾客、资金供给者、政府等外部因素，以使企业的行为能够适应不断变化的外部力量，使企业能够继续生存下去。

8.2 财务共享服务中心战略定位框架

财务共享服务中心战略的主要目的是结合公司的目标提供必要的服务，如财务、人力、信息、数据等支持性工作，最终实现公司的总体发展目标。

财务共享服务中心战略定位框架包括财务共享服务中心的战略目标、战略结构、战略职能三个方面的内容，如图8-2所示。

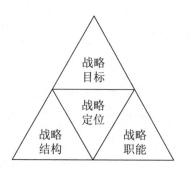

图8-2 财务共享服务中心战略定位框架

其中，战略目标是对经营活动预期目标的期望值；战略结构是财务共享服务中心的定位规划；战略职能是服务模式的规划，以及战略财务、共享财务、业务财务的职能划分。

1. 财务共享服务中心战略目标

根据最新的调查显示，不同的企业面临不同的环境、不同的阶段，在战略目标的选择上会有不同。一种是跨国企业在共享中心的建设上更多地选择把降低成本作为首要战略目标，另外一种是国内企业在财务共享服务中心的建设上更多地选择把加强风险管控作为首要战略目标。还有一种企业在财务共享服务中心的建设上会选择把通过财务转型实现新财务模式作为首要目标。这三种战略目标形式也可能是混合型的，这是因为财务共享服务中心战略目标的选择需要服从企业本身的战略目标，如图 8-3 所示。

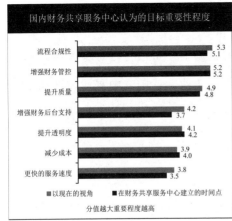
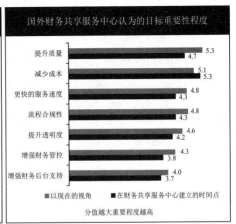

图 8-3　财务共享服务中心战略目标对比

2. 财务共享服务中心战略结构

根据经验，成熟的财务共享服务中心服务范围覆盖全球分支机构，其战略结构主要分为专长型共享服务中心、区域型共享服务中心和全球型共享服务中心三种。

1) 专长型共享服务中心

专长型共享服务中心是设置单个或单类业务流程的共享服务中心。专长型共享中心是基于价值、知识的支持服务，消除了重复劳动，提供专业服务，着重于核心业务的处理。例如，IBM 在全球设置了 22 个流程中心，提供财务、人力资源、IT 等方面的服务，其还在都柏林建立了全球现金管理中心、在斯洛伐克建立了全球固定资产中心等。

2) 区域型共享服务中心

区域型共享服务中心负责区域内相关或相似业务的处理，其更能发挥规模效应。通用电气、壳牌、施耐德、花旗银行等企业在全球建立了多个区域型共享服务中心。例如，通用电气在辛辛那提（美国）、蒙特雷（墨西哥）、布达佩斯（匈牙利）、上海（中国）、利雅得（沙特阿拉伯）设立了五大运营中心，分别为北美、南美、欧洲、亚太、中东及非洲地区提供共享服务。

3) 全球型共享服务中心

全球型共享服务中心为全球业务提供服务，可以发挥规模效应，但实施难度也最大。例如惠而浦、中兴通讯等企业。其中，中兴通讯在西安建立了财务共享服务中心，为全球 100 多个国家和地区的分支机构和分、子公司提供财务服务。

案例

G 公司全球财务共享服务中心

G 公司的全球财务共享服务中心有 300 余人，负责涉及全球 80 多个国家的核算业务，100 多个国家的资金管理服务，服务语言多达 25 种，其已成为 B 公司的全球会计核算中心、资金中心和数据管理中心。该公司的全球财务共享服务中心完成了全球会计政策、会计科目、核算流程、信息系统和数据标准的五项统一，以流程化、管理化的思路建立了以从采购到支付、从订单到收款、从核算到报表三大流程为核心的财务运作体系，从而保障了财务共享服务中心的高效运作。会计核算、税务管理和资金管理是贯穿三大流程的核心内容。

G 公司的全球财务共享服务中心通过创新、实践和总结，探索出一套先进方法,总结为"54321",其具体解释如下。

"5"即"五个统一":统一会计政策、统一会计科目、统一信息系统、统一核算流程、统一数据标准。

"4"即"四个方面":战略定位、组织人力、流程系统、运营管理。

"3"即"三个中心":人才中心、知识中心、数据中心。

"2"即"两大体系":会计核算、资金管理。

"1"即"一个中心":一个全球财务共享服务中心。

G公司通过对全球财务共享服务中心的建设,整合企业现有的业务、财务管理资源,将不同的会计主体(分、子公司)、不同地点的财务业务,通过人员、技术和流程的有效整合并共享,实现财务业务的标准化和流程化。通过对财务共享服务中心的建设,促进企业财务管理的标准化,将分散于各业务单位、重复性高、易推进标准化的财务业务进行流程再造,形成统一处理的作业管理模式,从而把财务专家从基础的财务核算工作中解放出来,做更多更有价值的管理、运营和财务分析工作。

3. 财务共享服务中心战略职能

财务共享服务中心战略职能是共享服务模式的规划,即财务共享服务中心以什么样的组织形式发挥什么样的作用。从财务共享服务中心的发展演进路线来看,财务共享服务中心经历了分散(不同地方、相同的标准进行作业)、集中(同一个地方、相同的标准、达到集中的层次)、共享(同一个地方、相同的标准、按照专业化的分工做事达到共享的层次)、外包(承接外包或者被外包)四个大的发展阶段。对应来看,财务共享服务中心的战略职能也可以大致划分为如下四个主要阶段。

第一阶段,作为公司的内部职能部门。其主要是做最基础的财务核算、资金支付和报表出具服务,在管理上服从公司领导,不具有独立性。

第二阶段，作为模拟市场化运行机构。其主要为内部单位提供服务，按照服务水平协议的约定为企业提供共享服务，有明确的计费标准和服务标准，相对对立。

第三阶段，作为充分市场化运行机构。其开始承接外部单位的服务请求。

第四阶段，作为独立的共享服务公司。其参与市场竞争，具有明确的商业模式。

在实践来看，受制于共享服务的运营机制等客观因素，很多大型企业，尤其是大型国企，在财务共享服务中心建设过程中往往会从第二阶段直接过渡到第四阶段。

案例

H集团财务共享服务中心战略定位

H集团是大型能源型国企，目前已经建设完成"1+N"的财务共享服务中心设置，负责四大业务板块的核算和资金结算业务，并且其已成为H集团的财务管控中心、数据价值中心和财务人才培养中心。H集团将其财务共享服务中心定位为财务部门的重要支撑、财务转型的关键起步、财务管控的主要平台和财务管控体系落地的基本载体。其职能为业务处理、监督控制、增值服务、运营管理及建设推广五项。H集团财务共享服务中心的主要内容包括以下四个方面。

统一的财务共享服务中心。通过遵从顶层设计，通过先试点、再推广的方式建设成统一的财务共享服务中心。

统一的信息技术系统。在信息化规划框架下，按照大集中部署的方式，借助先进的信息网络、云平台架构等互联网技术，以企业的总体目标为基础，实现业财系统集成，建成数据处理平台。

统一的财务共享标准体系。在集团层面统一主要业务的流程标准、控制标准、会计政策、会计科目、核算规则、稽核规则和数据标准等财务标准体系内容，通过财务标准体系建设，保障财务共享服务中心的运行效率和效果，不断实现管理水平的提升。

统一的财务共享制度体系。将财务共享服务中心的管理模式、权责界面、工作规范等进行固化，搭建涵盖纲领类、原则类、实施类的多层次制度框架体系，分层次建立财务共享服务中心的宣贯与培训机制，推动财务标准化的落地。

H集团通过财务共享服务中心实现了加快推动财务转型发展、有力保障财务业务标准规范、大幅提高财务工作效率的目标。

8.3　财务共享服务中心组织管理

财务共享服务中心组织管理是指通过建立组织结构，规定职务或职位，明确责权关系等以有效实现组织目标的过程。财务共享服务中心的组织管理包括运营模式选择、布局设置和内设机构设置。

8.3.1　财务共享服务中心运营模式

财务共享服务中心运营模式即建立一个什么样标准的共享服务中心，通过共享运营模式，用于明确单一中心或总分中心模式、共享中心的选址、职责权限及工作分工等问题。此外，运营模式是共享服务中心建设顶层设计的重要内容之一。

根据设立的数量及服务范围，共享服务中心运营模式主要分为以下三大类。

1. 分散布局、独立管理

分散的共享服务中心运营模式通常以下级单位为基础，设立多个共享服务中心，各中心相互独立、分别管理。

2. 一定程度的集中布局管理

一定程度的集中布局管理共享服务中心运营模式通常基于区域或板块的业务特点和规模，按照区域或板块划分为多个财务共享服务中心，支持所覆盖区域或板块的业务运作。

3. 集中运营、统一管理

集中的共享服务中心运营模式指通过设立全国统一的共享服务中心，支持全集团所有业务的日常运作。根据统计显示，有将近70%的共享服务中心的服务范围覆盖了整个中国地区，有近20%的共享服务中心仅承担了区域共享服务中心的职能；从共享服务中心服务的分、子公司数量看，超过半数的共享服务中心服务超过50家以上成员单位的分、子公司，共享服务中心辐射范围较广。

8.3.2 财务共享服务中心布局

财务共享服务中心布局，是指根据企业的业务和发展要求，对财务共享服务中心规模和形式的规划。财务共享服务中心可以采用分散或集中的布局形式。财务共享服务中心的布局设置按照资产分布和人员集成度，可以分为二级单位匹配模式和大区管理模式。

1. 设置原则

基于规模效应原则，共享人员在100人以上的规模效应较优；50人以上的规模效应好；50人以下的规模效应较差。基于人员调动难度，财务人员在100人以上的可单独建设共享服务中心，财务人员在50~100人之间的可作为分中心并吸纳周边省份业务和人员。

2. 两种模式比较分析

二级单位匹配模式和大区管理模式各有利弊。相比较而言，二级单位匹配模式更利于共享分中心的建设和推广的稳定性，对财务工作和财务人员影响最小。但从长远看，则不利于集团企业的财务管控和业务拓展，管理成本较高；二级单位匹配模式的管控效果和规模效应比较突出，与企业区域管理和专业化管理结合比较密切，更加适合企业实际情况，但财务人员跨区域调动难度较大。两种模式可具体从以下几个方面进行比较。

(1) 管控效果方面。二级单位匹配模式需要总部投入更多精力进行协调管理；大区管理模式需要总部向下沟通管理单位少，分中心受区域制约少，集团管控效果较优。相比而言，大区管理模式在管控效果方面更具优势。

(2) 规模效应方面。相比较而言，大区管理模式较二级单位匹配模式集中程度更高，在规模效应方面更具优势。

(3) 业务覆盖与支持方面。二级单位匹配模式更贴近集团企业管控管理架构，对基层业务和管理支持的效果更突出；大区管理模式按大区划分承接共享业务，服务范围涵盖多个直属单位，更加侧重对二级单位及所属单位的管控，真正实现了管理与业务的分割。相比而言，二级单位匹配模式在区域业务覆盖与支持方面更具优势。

(4) 人员调动影响方面。二级单位匹配模式下的共享财务人员一般来自本单位，业务和人员迁移相对平稳，影响较小；大区管理模式业务覆盖多个区域公司，人员需求较大，跨区域调动难度较大，员工的薪酬福利、生活和家庭因素的影响比较突出，同工同酬、福利政策等因素带来的隐性支出较高。相比而言，二级单位匹配模式在人员调动方面更具优势。

(5) 拓展性方面。相比而言，ERP系统的灵活扩展性与大区管理模式的共享中心可以突破系统和地域的限制，更加有利于人资、IT、物资集采等非财务业务的共享，因此，大区管理模式在拓展性方面更具有优势。

目前，采用二级单位匹配模式建设的共享服务中心也开始从实际运营质量效益和集团管控等考虑因素出发，逐步开始实现共享分中心的进一步集中。大区管理模式的财务共享服务中心在人员调动上存在一定挑战，但在集团管控效果、规模效应、标准化和规范化的优势是分散部署或二级单位匹配模式所不具备的，因此，大区建设模式或集中模式是共享服务中心建设的主流和趋势。

案例

I集团财务共享服务中心运营模式选择

I集团是国有大型央企，主要业务涵盖能源、工业制造、金融等板块。I集团的管控特点是混合集中模式。在财务共享服务中心建设的过程中，经过反复讨论并结合I集团的自身业务特点，同时借鉴成熟案例并结合共享服务中心常见运营模式的对比分析，I集团共享服务中心可选择总分模式或大集中模式两种运营模式进行财务共享服务中心建设，具体情况如下。

总分模式。该模式的优点是：能够加强集团管控力度；各分中心同时推进，建设速度快，成效显著；项目建设能够兼顾各分中心的共性和个性，提高效率、降低风险；各分中心同步建设或先后推广建设，有利于运行成效的横向对比。缺点是初始建设成本需分别投入，规模效应不如大集中模式。

大集中模式。该模式的优点是实施建设更有利于标准的统一，初始建设成本一次性投入。缺点是人员异地调度的难度较大，需要投入较大精力进行协调，分中心选址需要深化研究后再确定。

在综合对比两种模式的优劣势后，以实际情况为出发点发现I集团存在人员难以大规模调整的难题，所以I集团最终选择总分模式的共享服务中心运营模式，即"1+N"模式(1个总中心、N个分中心)。

8.3.3 财务共享服务中心设置

1. 总中心设置

财务共享服务中心总中心负责共享服务中心建设项目的顶层设计，组织开展共享服务中心建设、推广建设、运营管理及优化提升等工作；组织制定共享服务中心相关配套制度和管理办法；开展共享服务中心组织机构设置及人员选配工作；制定共享服务工作考核内容及评价标准，对分中心进行管理考核；组织制定客户关系管理、服务管理等制度，与服务单位签署服务协议，按照协议执行服务质量考核；共享服务中心总中心可按照工作内容设置业务管理部、运营管理部和信息化管理部。财务共享服务中心总中心组织设置如图8-4所示。

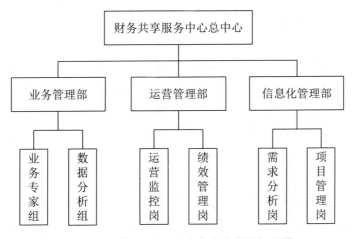

图8-4 财务共享服务中心总中心组织设置

1) 业务管理部

业务管理部主要负责履行共享各流程规范、业务标准制定和流程优化等职能；负责行业规范、业内领先实践、先进业务处理技术的研究与引进；对共享分中心进行专业知识与业务技能培训；专业模块的业务指导和监督管理。

其具体工作包括：业务流程方案的制定与宣贯，推行计划设计，业务量信息收集与人员测算，日常业务指导和标准制定等。业务管理部的具体岗位可按照业务流程划分不同岗位，设置业务专家组、数据分析组等。

2) 运营管理部

运营管理主要负责持续优化提升共享服务质量和绩效管理水平；对共享分中心进行运行质量监控、服务水平监督和绩效管理考核；负责共享中心的内部管理等。

具体工作包括：项目整体进度管理，实施商协调与管理，协调场地、设备等基础设施管理等。运营管理部具体岗位可设置运营监控岗、绩效管理岗。

3) 信息化管理部

信息化管理部主要负责公司及所属单位会计核算、资金结算、费用报销，以及财务共享系统相关系统的整体规划、推广建设等；负责组织共享系统及相关系统计划上线部门做好上线前准备工作，包括系统核查、数据清理、系统切换等；负责对共享服务中心在RPA自动化、大数据分析等先进技术的探索和建设应用的汇报；负责共享信息系统需求分析。

信息化管理部可以设置需求分析岗和项目管理岗。

2. 分中心组织设置

财务共享服务中心分中心依据服务协议为企业提供财务共享服务，并向上级财务共享服务中心汇报工作；同时需要持续改进服务水平，提高客户满意度、提高分中心管理水平、提高员工职业技能,加强员工工作责任心。按照工作内容,分中心可设置运营业务处理部、运营服务管理部两个部门。财务共享服务中心分中心组织设置如图 8-5 所示。

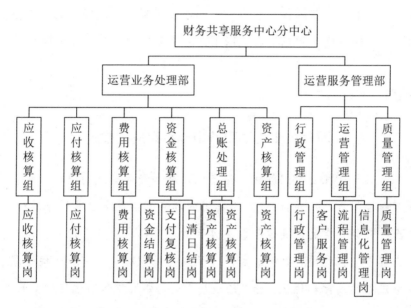

图 8-5 财务共享服务中心分中心组织设置

1) 运营业务处理部

运营业务处理部主要负责按照总中心制定的运营管理制度、流程和标准,面向所服务的成员单位,处理共享业务。按照专业化分工和业务流程,提供应收、应付、费用、资产、总账核算,以及资金结算的业务处理服务。

2) 运营服务管理部

运营服务管理部主要负责分中心的运营管理工作,包括对本中心的流程适用性、各岗位的实际运营效率分析,挖掘应用流程的优化提升点,提出优化改造方案,对需要总中心协调统筹的流程变革和系统优化改造进行上报反馈,配合总中心推进落实。

3. 总分中心管理关系

财务共享服务中心的总中心与分中心是上下级管理关系，总中心主要负责总体政策制定、业务流程规范、绩效管理考核、系统平台的统一部署与运维。分中心主要以客户服务为导向，按照服务协议提供优质服务，支持制度与流程优化，向总中心汇报工作，接受总中心的管理和指导。

📍视角

国有企业共享服务中心组织应用模式

共享服务是在公司国际化、信息化发展和经营规模高速增长的背景下对管理和控制活动的创新，通过对集团内部有关业务流程进行分析和评估，分离出一部分日常的、共性的、重复性的、可标准化的管理控制活动，由集团内部专门机构进行统一、标准、快速地处理服务，有利于促进集团内部业务流程的简化和优化、标准的统一，提高公司整体的运行效率和效益。在2014年之前，国外企业建立了大量的共享服务中心，其中50%的世界500强企业都建立了共享服务中心，其目标定位是提升质量、降低成本，组织模式和职能范围分别是全球共享服务中心和多职能服务。在2014年之后，国内企业，特别是国有大型企业的共享服务中心大量增长。其目标定位是流程合规、财务管控、提升质量，组织模式是区域共享服务中心、而在职能范围方面仅有一小部实现了多职能中心。

国有企业共享服务中心组织运营模式的设置有别于国外，其核心因素包括制度问题、环境问题和组织动因三个方面，其具体关系如图8-6所示。

一、制度问题

国有企业普遍具有行业垄断性，所以在管理体制、管理对象（市场准入、行业管理）、管理方法等方面有别于市场化公司的运行模式。同时，国企承担了更多的政治责任、社会责任和经济责任,无法以经济责任为第一要素开展共享服务中心组织模式设置。

二、环境问题

国有企业共享服务中心组织模式的环境问题包括全球化竞争、市场化转型、信息化竞争力等方面。随着经济的发展,国有企业需要"走出去",就要面临国际化的竞争,并且满足其市场化转型的需要,通过信息化的手段增加竞争力。

三、组织动因

国有企业共享服务中心组织模式的设置要充分考虑到股东的类型及其所占比例,以及高管持股比例,并能够在企业发展所处的不同阶段进行的动态调整,例如可以在创业阶段、聚合阶段、规范化阶段、协作阶段设置不同的组织模式。

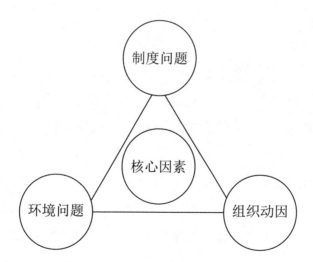

图 8-6 国有企业共享服务中心组织运营模式设置核心因素

8.4 文化管理

8.4.1 企业文化的定义

企业文化是在一定的条件下,企业生产经营和管理活动中所创造的具有该企业特色的精神财富和物质形态。它包含表面层的物质文化、中间层次的制度文化和核心层的精神文化三个层次。

8.4.2 企业文化的主要内容

根据企业文化的定义,其内容必然广泛,最主要的内容应包括以下几个主要方面。

1. 物质文化

企业形象。它是指企业通过外部特征和经营实力表现出来的,被消费者和公众所认同的企业总体印象。它包括表层形象、深层形象两个主要内容,表层形象是外在的,深层形象是内在的,是综合实力的体现。

2. 制度文化

企业制度。它是在生产经营实践活动中所形成的,对人的行为带有强制性,并能保障一定权利的各种规定。企业制度作为职工行为规范的模式,使个人的活动得以合理进行,内外人际关系得以协调,员工的共同利益受到保护。

3. 精神文化

(1) 愿景。它是指企业的长期愿望、未来状况、发展的蓝图,是企业的发展方向及战略定位的体现。它回答的是企业为什么要存在,对社会有何贡献，未来的发展是什么样子等根本性的问题。

(2) 使命。它是指企业在社会经济发展中所应担当的角色和责任，是指企业的根本性质和存在的理由，说明企业的经营领域、经营思想，为企业目标的确立与战略的制定提供依据。企业使命要具体地表述企业在社会经济活动中扮演的身份或角色。

(3) 价值观。它是指对企业存在的意义、经营目的、经营宗旨的价值评价和为之追求的整体化、个异化的群体意识，是企业全体职工共同的价值准则。比如某科技公司的价值观是正直和创造，其把正直作为一种信仰，也是规则和底线，这就决定了其始终能够自省、反思与向善，最终奠定企业一路向上的基石。

(4) 经营哲学。它是一个企业特有的从事生产经营和管理活动的方法论原则，是指导企业行为的基础。企业在复杂的市场竞争中会面临各种各样的挑战，需要有一整套的底层逻辑来决定自己的行为。比如某互联网公司的经营哲学是把为客户创造价值放在首位。

(5) 企业精神。它是指企业基于自身特定的性质、任务、宗旨、时代要求和发展方向，并经过精心培养而形成的企业成员群体的精神风貌。企业精神是企业文化的核心，在整个企业文化中占据支配的地位。例如，某零售企业的"求实、奋进"精神，体现了其实事求是和诚实守信的经营作风。

(6) 企业道德。它是指调整企业与其他企业之间、企业与顾客之间、企业内部职工之间关系的行为规范的总和，是约束企业和职工行为的重要手段。

(7) 团体意识。它是指组织成员的集体观念，是内部凝聚力的表现，让企业的每个员工都把自己的行为统一到企业的整体目标上，并获得个人成长，实现个人利益和企业利益的共同成长。

视角

共享文化案例与启示

一、J 公司共享服务中心文化

J 公司始终围绕实现客户价值最大化的目标，让客户成为企业价值创造的伙伴，其秉承高效运营、持续改进、价值提升的发展理念，将其打造成为集团公司高效卓越的财务管控中心、数据价值中心和流程创新中心。

愿景：打造国际领先、国内一流的共享中心。

使命：提供卓越服务，成就客户价值。

核心价值观：专业、严谨、创新、卓越。

共享中心是顺应时代发展大势和市场竞争潮流的重要举措，是贯彻习近平新时代中国特色社会主义思想的生动实践，是落实工信部、财政部、国务院国资委等国家部委关于大型企业积极探索共享服务建设的具体行动，也是促进公司职能业务转型、提高经营管理效率、增强风险防控能力、深化企业内部改革、推动企业持续健康发展的迫切需要，有利于聚焦企业的核心业务、实现转型发展，有利于提升企业的核心竞争力、价值创造力。共享中心要把准定位，围绕"国内领先、国际一流"的发展目标，坚持共享与服务相统一、共享与共赢相结合、内部与外部相联动，有序规范推进财务、人力资源、IT 等共享服务建设，加强信息数据互通，推进资源优化配置，推动职能部门转型，提高经营管理效率，节约管理运行成本，真正为企业改革发展服好务，为科学决策服好务。

【主要启示】一是国外企业共享服务中心的目标定位为提升质量、降低成本、高效服务，而国有大型企业共享服务中心共享服务的目标定位为流程合规、财务管控和提升质量；二是战略变革是国有企业共享中心文化的前提，组织变革是国有企业共享中心文化的保证，流程变革是国有企业共享中心文化的关键，文化变革是国有企业共享中心文化的力量；三是国有企业文化需要实现从官僚文化向服务文化转变，从资历文化向绩效文化转变，从本位文化向团队文化转变，从封闭文化向开放文化转变，从自满文化向学习文化转变，从集权文化向授权文化转变。

二、K公司共享服务中心文化

K公司财务共享服务中心具有三大功能定位：交易处理中心、创新中心和专家中心。作为交易处理中心，财务共享服务将逐渐从简单会计处理向业务流程前端拓展，提升风险管控水平；作为专家中心，财务共享服务中心将着力培养数字专家、算法专家、模型专家、业务专家，不断拓展数据服务和专家咨询服务；作为创新中心，财务共享服务中心将紧紧围绕模式创新和技术创新两大主题，不断吸收和应用优秀的管理经验和新兴技术。总部财务、专业公司和地区公司财务、共享服务中心分别承担战略财务、业务财务、共享财务职能，形成"四位一体"的新型财务管理体系。战略财务的职能定位为决策和配置，主要负责财务战略管理、财务政策制定、预算管理、筹融资管理、税收筹划、投资者关系管理等工作。业务财务的职能定位为协同和推动，主要负责预算管理、成本管理、财务运营分析、税收筹划方案执行、风险管理、利益相关者的日常管理等工作。共享财务的职能定位为记录和控制，主要负责会计核算、资金结算、财务报表、费用报销及差旅管理、发票管理、纳税申报、财务信息化建设、财务数据管理等工作。

愿景：打造世界一流的智能型全球财务共享服务体系。

使命：为公司、员工、合作伙伴提供优质、高效的服务，推动管理转型，为合规经营保驾护航，为集团公司创造价值。

核心价值观：创造、和谐。

【主要启示】愿景是企业长期的大目标，也是企业全体人员奋斗的目标。愿景是可以变化的。愿景就是长期目标，目标就是用来实现的。一旦企业将要实现愿景，愿景就必须进行调整。当企业实现了原来的愿景又没有新的愿景时，企业就会迷失，从而走向失败。从K公司案例中的愿景看，智能是指用信息化、数字化、智能化培育新动能，用新动能推动新发展；全球是指共享中心将会面向全球业务提供服务。

"企业为什么要存在？"这个问题的答案就是"企业的使命"。在K公司的案例中，其将会面向公司、员工、合作伙伴这些对象提供服务，推动管理转型和高质量发展，在服务中体现管控，实现价值创造。

企业的核心价值观就是企业关于是非对错的评判标准，企业的核心价值观其实也是创始人个人的核心价值观。在K公司的案例中，体现的是和谐，即企业需要处理好方方面面的关系。

结论：在企业文化三要素中，使命、核心价值观是"虚"的，愿景是"实"的，三者是虚实结合；使命、核心价值观是不变的，愿景是可变的，三者是恒变结合。

本章小结

财务共享服务中心的战略管理是动态的，随着业务的发展，需要不断地进行修正、实施，同时还要对组织进行优化和调整，以适应战略的发展要求。在这个过程中，还需要不断地丰富文化的内涵并引领具体的行动，将这几个方面有效结合，会成为财务共享服务中心发展的制胜法宝。

第 9 章 财务共享服务中心运营质量管理

财务共享服务中心运营质量管理是指在业务团队对外提供服务后,作为内部第三方监控服务输出的效率、质量等是否满足服务水平协议的要求,其主要包含质量管理体系、六西格玛管理和内控与风险管理。

9.1 全面质量管理体系

全面质量管理是以质量为中心、全员参与为基础，目的在于通过让顾客满意和组织内所有成员及社会受益，达到长期成功的一种管理途径。在20世纪50年代末，美国通用电气公司的费根堡姆和质量管理专家朱兰提出了"全面质量管理"的概念，认为"全面质量管理是为了能够在最经济的水平上，并考虑到充分满足客户要求的条件下进行生产和提供服务，把企业各部门在研制质量、维持质量和提高质量的活动中构成为一体的一种有效的体系。"全面质量管理的基本方法可以概况为十二字，即"一个过程，四个阶段，八个步骤"。

一个过程，即企业管理是一个过程。企业在不同时期内，应完成不同的工作任务。企业的每项生产经营活动，都有一个产生、形成、实施和验证的过程。

四个阶段，是指根据"管理是一个过程"的理论，美国的戴明博士把它运用到质量管理中后，总结出的"计划(plan)—执行(do)—检查(check)—处理(action)"四个阶段的循环方式，简称PDCA循环，又称"戴明循环"。

八个步骤，是指为了解决和改进质量问题，PDCA循环中的四个阶段可以被具体划分为八个步骤。全面质量管理的四个阶段和八个步骤的关系具体如图9-1所示。

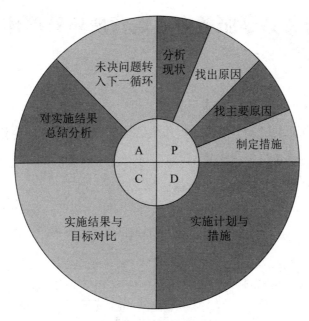

图 9-1　全面质量管理的四个阶段和八个步骤关系

第一个阶段为计划阶段，又叫 P 阶段 (plan)，包含分析现状、找出原因、找出主要原因和制定措施四个步骤。这个阶段的主要内容是通过市场调查、用户访问、国家计划指示等，摸清用户对产品质量的要求，确定质量政策、质量目标和质量计划等。

第二个阶段为执行阶段，又称 D 阶段 (do)，包含实施计划与措施步骤。这个阶段主要是实施 P 阶段所规定的内容，如根据质量标准进行产品设计、试制、试验、其中还包括计划执行前的人员培训。

第三个阶段为检查阶段，又称 C 阶段 (check)，包含实施结果与目标对比步骤。这个阶段主要是在计划执行过程中或执行之后，检查执行情况是否符合计划的预期结果。

第四个阶段为处理阶段，又称 A 阶段 (action)，包含对实施结果总结分析、未解决问题转入下一循环两个步骤。主要是根据检查结果采取相应的措施。

9.2 财务共享服务中心运营质量管理体系

财务共享服务中心运营质量管理是指财务共享服务中心指挥和控制财务运营质量方面的活动。包括分析质量管理的需求，策划财务运营的流程，对财务运营的质量进行检测控制，对财务运营中质量的薄弱环节进行识别，制定改进措施进行持续改进，具体内容如图 9-2 所示。

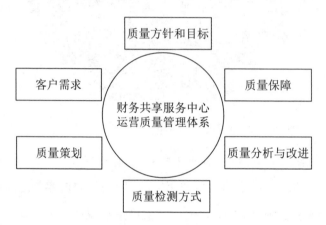

图 9-2　财务共享服务中心运营质量管理体系

9.2.1　客户需求

内、外部客户需求和期望是推动财务共享服务中心运营质量管理的原动力，其构成了质量管理体系的基本要素，是财务共享服务中心制定质量管理方针和质量管理目标的基础，也是衡量财务运营质量的基准。财务共享服务中心的内、外部客户需求和期望是指除了财务共享服务中心的发展和内部管理对财务运营质量的需求及中心之外，还包括外部监管机构及公司员工对财务运营质量的需求和期望。

9.2.2 质量方针和目标

质量方针和质量目标是对财务运营质量管理的需求的提炼，为财务共享服务中心提供了关注的焦点，是财务共享服务中心质量管理工作的指挥棒。财务共享服务中心所有的质量管理工作都是围绕质量方针开展，并充分利用资源来实现质量目标。

质量方针是财务共享服务中心总的质量宗旨和方向，因此，质量方针的制定必须与财务共享服务中心的宗旨和战略定位相适应，由财务共享服务中心的管理层制定并通过正式渠道发布。质量方针的制定要能为建立和评审质量目标提供框架，其内容包括对满足需求和持续改进质量管理体系有效性的承诺。质量方针制定后要在财务共享服务中心内部得到充分理解和认可。

质量目标是指财务共享服务中心在财务运营质量方面所追求的目的。质量目标制定的要求是质量目标必须与质量方针相一致，其实现必须是可测量的。

质量目标的制定必须是合理的，这包括两方面的含义。一方面，质量目标不能过高，甚至超出财务共享服务中心的能力范围。质量目标必须是财务共享服务中心通过努力可以实现的。另一方面，质量目标也不能过低，如果质量目标唾手可得，就不利于财务运营质量的提升。

9.2.3 质量策划

质量策划是指为了控制财务运营的风险，提高财务运营的质量，对财务运营流程进行的设计和优化。

质量策划的内容包括了对财务运营业务流程的设计和优化，财务运营任务识别，对操作流程进行设计和优化，财务运营的关键环节和控制点识别，系统控制方案设计，财务运营所需资源分配和优化等。

财务共享服务中心应及时了解公司的新增业务，在业务的初期阶段，财务共享服务中心人员就应当参与到业务策划中，了解业务的相关信息以及与财务运营相关的内容，识别该业务的关键控制点、风险点，提前进行流程设计。

对于财务共享服务中心成熟的财务运营业务，要及时跟踪质量检测结果，识别流程中的薄弱环节和风险点，持续地进行流程的优化和改进，以提高财务运营质量。

9.2.4 质量检测方式

质量检测是通过建立自查、复查、常规检查、抽查以及结果评价的闭环管理体系，强化对会计核算信息流转的各环节的控制，提高财务运营质量。

财务共享服务中心的质量检测分为系统检测和手工检测两部分。系统检测是指系统将检测的基础数据抽取至质量检测平台，由质量管理岗对单据质量进行检测，得出结果。手工检测是指对于无法实现系统检测的情况，由质量管理岗在系统外进行手工检测后将检测结果录入质量检测平台，在质量管理中全面反映检测的过程和结果。

质量管理岗在检测的过程中，发现质量差错问题要及时将问题进行反馈，并分析质量差错发生的原因，制定改进的措施及进行后续的改进跟踪。

9.2.5 质量分析与改进

质量分析和改进是致力于增强财务共享服务中心满足财务运营质量要

求的能力，提升公司领导和员工对财务共享服务中心的满意度，通过对质量检测结果的分析，识别财务运营中待改进的领域，并制定改进方案进行持续改进的一种方法，其包括以下内容。

(1) 分析和评价质量管理现状，以识别改进领域。

(2) 确定改进目标。

(3) 寻找可能的改进措施，以实现改进目标。

(4) 评价改进措施并做出选择。

(5) 实施选定的改进措施。

(6) 测量、验证、分析和评价改进的结果，以确定改进目标是否已经实现。

(7) 正式采纳，全面实施。

9.2.6 质量保障

质量保障是为保障质量管理按计划顺利实施以及质量管理工作的持续运行而制定的一系列的措施，致力于不断提升财务运营的质量水平。质量保障包括了组织、知识、系统、培训、文化等各方面的保障方案和机制。

📍 **案例**

L 公司财务共享服务中心质量管理

L 公司的财务共享服务中心在质量管理中的质量组织管理、质量文化管理、质量系统管理等方面有突出的特色。

一、质量管理组织

财务共享服务中心设质量管理岗，其具体职责如下。

（一）质量提升

(1) 根据财务共享服务中心的相关运营管理制度，负责建立健全质量管理体系并监督体系的运行。

(2) 根据财务共享服务中心相关运营管理制度，负责组织制定中心年度质量改进计划和重大质量问题解决方案。

(3) 根据财务共享服务中心相关运营管理制度，负责对中心所有会计运营流程和非会计运营流程实行全程质量监控与管理。

(4) 根据财务共享服务中心岗位操作手册，负责检查财务共享服务中心内部各个岗位是否按照操作规范及操作要求处理作业，加强中心所有员工的质量意识，产出符合质量保证的作业成果。

(5) 根据财务共享服务中心流程及作业标准管理规范，负责检查各财务共享服务中心是否符合规范，加强流程管理的质量控制，确保流程的正确高效运作。

(6) 根据财务共享服务中心的工作环境规范，负责定期或不定期地检查中心员工的着装规范、桌面规范和系统规范等，优化中心工作环境，确保中心的高效运营。

(7) 根据财务共享服务中心的工作行为规范，负责定期或不定期地检查中心员工的出勤规范、礼仪规范和信息安全规范等，规范员工日常的工作行为，确保中心的有序安全运营。

（二）质量检查

(1) 负责拟定财务共享服务中心质量检查方案，确定检查计划和操作流程。

(2) 根据检查方案的安排，定期抽查财务共享服务中心业务操作流程的合规性和准确性。

(3) 根据质量审查结果，编写检查报告，提出改进建议。

(4) 负责及时向上级汇报质量检查过程中所发现的重大问题。

(5) 根据审批后确定的质量改进建议,负责协调跟进建议的推进和落实,逐步提升财务共享服务中心工作流程的合规性。

(6) 配合财务资产部的整体检查,完成对财务共享服务中心的检查工作。

(7) 根据财务资产部安排,参与内部技能和素质培训,提高岗位操作技能与职业素养。

(8) 及时上报流程中需要改造优化的重大问题,并参与流程优化方案的编写。

(三) 工作机制

(1) 质量管理的工作机制是指针对质量管理工作产生的下层向上层反映质量问题、建议及系统需求等内容的一种机制。明确汇报机制有利于质量问题和需求的搜集,有利于保障整个质量管理工作的信息畅通。

(2) 对于质量检测中的差错,除了可以在系统中反馈外,还可以向负责该工作的作业人员进行反馈。

(3) 对核算工作中产生的质量改进的建议及想法可直接反馈给该单位的运营管理人员。

二、质量管理文化

(一) 质量指标看板

通过系统中的"绩效看板"模块设立质量指标看板,对各岗位确定的重要指标和信息进行动态展示。展示的内容包括系统自动更新显示的指标信息,以及动态展示财务共享服务中心的工作内容和成果。其为员工和领导了解财务共享服务中心各岗位的工作提供渠道。

(二) 质量问题看板

通过系统中的"绩效看板"模块设置质量问题看板,对质量管理岗每月在质检过程中发现的差错进行汇总,提高财务共享服务中心员工的质量意识,最终达到提升财务运营的质量水平的目的。该看板的具体内容设置如表9-1所示。

表9-1 财务共享服务中心质量问题看板

财务共享服务中心质量问题看板			
单据类型	质检差错数	差错解决数	差错解决率

(三)月改善会

对本月发现的质量问题进行梳理,制定改进措施或建议。对本月质量管理岗在质量检测中发现的质量差错,在每月的改善会议上提出,并在财务共享服务中心内部进行讨论,制定改进措施。

(四)质量优化提案大赛

广泛征集质量改进方案,全面提升财务运营质量,创造全员参与的质量管理氛围。

内容:财务共享服务中心的员工就平时工作过程中遇到或发现的质量问题提出改进方案。员工可以以个人名义参加,也可多人组成团队参加,提案内容包括质量管理的现状描述、问题剖析、改进方案描述、改进方案的可行性论证,以及改进方案的投资及回报分析。

提案大赛流程具体如下。

(1)方案策划:方案内容包括提案大赛时间、活动的策划和组织人员、活动的形式和主题、活动所需的支援、提案的提交形式和途径、提案的评审方式和流程、比赛结果的发布途径、奖励方案等。

(2)方案评审审批:策划方案完成后,提交财务共享服务中心负责人审批。

(3) 活动宣传：在提案审核通过后，开始对提案大赛进行宣传，宣传方式包括：发布提案大赛通知、通过邮件告知员工参与方式和大赛的相关事项、内容和流程、制作提案大赛板报等。

(4) 提案征集：员工需要按照提案大赛方案的要求和时间提交提案策划案。由于提案的内容较多并且要对改进方案的可行性进行研究论证，还需分析改进方案的投资及回报，因此，提案大赛的提案征集时间需要在1个月以上。

(5) 提案评审：由财务共享服务中心各处室领导组成评审团队，对征集到的提案进行评审。评审分为初选和复审。初选是对征集的方案进行初步筛选，复审是对初选的方案进行再次评审，并对方案进行排名。

(6) 结果公布：质量管理岗通过邮件、板报等形式公布结果，结果分为冠军、亚军和季军，不同名次的数量不同。

(7) 奖励：质量优化提案大赛作为财务共享服务中心一年一度的大型质量文化活动，共享服务中心的领导应给予较大的重视，并且提案大赛选出的都是对质量管理工作有较大贡献的提案，应当将其作为本年度的重大质量优化项目，因此，必须设立与之相匹配的奖励方案。

(8) 提案实施与跟踪：评选出的冠、亚、季军提案将作为本年度的重要质量优化项目，由提案发起人负责推进实施，并对项目实施进展和成果进行追踪报道，直至项目结束。

三、质量管理系统保障

(一) 质量管理系统用户和权限维护

数据管理岗主要负责除系统初始化之外用户的增加或删除，用户的权限开放、关闭等。如果财务共享服务中心的人员由于离职或调动而不再使用质量管理平台，那么数据管理岗应在该员工办理离职或调动时，向财务资产部信息化管理岗提交相关权限变动需求，申请将其账号从质量平台角色中删除。财务共享服务中心人员应在办理离职或调动时通知数据管理岗关闭其在质量管理平台中的权限。数据管理岗应定期对质量管理平台角色中的用户进行梳理,一旦发现有不再使用该系统的用户应立即删除。

(二)质量管理平台字段信息维护

当质量管理平台中的字段信息发生变更时,数据管理岗应及时对系统中的字段及信息进行变更维护。

(三)质量管理平台问题咨询和疑难解决

数据管理岗应答复财务共享服务中心员工对质量管理平台的问题和咨询;如果系统出现临时问题,由员工向数据管理岗反映,进行问题查找和解决。

(四)质量管理系统功能优化

数据管理岗应定期对系统功能的需求进行分析,根据业务的变化对系统功能进行优化或升级。

四、质量管理培训保障

培训保障通过改进财务共享服务中心员工的知识、技能、工作态度和行为,使财务人员发挥更大的潜能,提高工作质量和工作效率,实现财务共享服务中心的良好运营效能。

(一)培训体系及内容

围绕财务共享服务中心的各项业务搭建质量管理的培训体系,根据财务共享服务中心的业务确定培训内容和培训项目,保证培训内容与业务的切合,保证培训具有针对性。在时间维度上,财务共享服务中心完善的培训机制应该包括年度培训、定期例行培训及每周的讨论学习。

(二)培训需求调研及年度计划编制

为保证财务运营质量,员工的知识需要与业务发展相匹配,因此,每年应有针对性地对员工进行知识培训。要开展有针对性的培训,每年应对员工的培训需求进行调研。

培训需求的来源包括两个方面：一是管理人员对当年培训的要求；二是员工对培训的需求。因此，每年年初在制定年度培训计划之前应针对管理人员对培训的要求和员工对培训的需求两方面进行了解。

方式：管理人员对培训的要求可以通过访谈获取；员工对培训的需求可以通过发放调查问卷的方式获得。

（三）培训立项

建立完善的培训立项机制，便于协调和控制培训资源，对每年的培训进行记录，便于分析培训的成效和对培训指标的测算，以及对整个财务共享服务中心的培训管理的把握。

内容：培训立项是指财务共享服务中心组织的每一项与质量相关的培训都应事先立项，培训完成后应将输出和评估结果报给人员管理岗统一归档。这也是运营管理岗编制财务共享服务中心质量管理报告及板报等资料的基础。

（四）培训实施

明确培训需求，确定培训的时间、地点、形式、讲师、对象及预算等；发布培训通知、进行培训的前期宣传；开展培训；进行培训结果评估，编制培训报告。

（五）培训结果评估和输出

了解学员对培训组织及效果的评价，促进培训体系的改进。培训输出是对培训内容进行的总结，便于管理人员和员工了解培训过程及效果。培训评估包括对学员学习效果的评估和对培训组织者及讲师的评估。对学员学习效果的评估一般采用考试的形式。对培训组织方及讲师的评估一般采用发放调查问卷的方式。

对培训组织评估的内容包括：对培训组织的满意度、对培训环境的满意度、对讲师的满意度、对教材的满意度、对培训时间的安排的满意度、对培训形式的满意度等。

对讲师的评估内容包括：讲师的授课技巧、讲师的课件内容是否丰富、课件内容与讲课内容是否一致、讲师对学员问题的解答效果、讲师与学员的互动是否充分等。

9.3 六西格玛管理

六西格玛是一种管理策略，它是由当时在摩托罗拉任职的工程师比尔·史密斯于1986年提出的。这种策略主要强调制定极高的目标、收集数据和分析结果，通过这些来减少产品和服务的缺陷。六西格玛的原理是如果你可以检测到项目中有多少缺陷，你就可以找出如何系统地减少缺陷，使项目尽量完美的方法。

一个企业要想达到六西格玛标准，那么它的出错率就不能超过百万分之三点四，如表9-2所示。

表9-2 不同标准标准差水平的不良率

标准差水平（流程能量）	每百万次机会的不良次数
2	308,537
3	66,807
4	6,210
5	233
6	3.4

六西格玛管理哲学的重点是：99%的成功率是不够的。大多数的人应该都以为这已经接近完美了，但是事实上，99%的成功率就相当于每

小时会有两万封邮件遗失,每个星期有五千台手术程序出错,或是主要机场每天有四场意外……这样的失误概率是一般大众绝对不可能接受的。六西格玛表示每一百万次只能有 3.4 次瑕疵,也就是说,成功率要达到 99.99966%。

六西格玛包括两个过程:六西格玛 DMAIC 和六西格玛 DMADV,它们是整个过程中两个主要的步骤。六西格玛 DMAIC 是对当前低于六西格玛规格的项目进行界定、测量、分析、改进及控制的过程。六西格玛 DMADV 则是对试图达到六西格玛质量的新产品或项目进行界定、测量、分析、设计和验证的过程。

六西格玛流程改善方法论 DMAIC 有以下五个步骤。

(1) 界定 (define):界定组织中哪些是长久以来的最大问题,并界定出哪些关键少数因子必须被加以衡量、分析、改进与控制,以得出最终的结果。

(2) 测量 (measure):研究与评估流程中所有步骤,并衡量某个会影响到关键品质因子的重要流程缺失。

(3) 分析 (analyze):用衡量阶段中所搜集到的所有资讯分析变数及造成不良的原因。

(4) 改进 (improve):改善流程排除不良情势,采取修正行动来降低或排除关键少数因子的负面效应。

(5) 控制 (control):专注并维持已经做到的流程改善。

案例

六西格玛在财务共享服务中心的应用

某财务共享服务中心在接受客户报销业务订单时,面临过一次严峻的挑战。由于该客户的员工分布于全国各地,各地的单据必须通过邮寄的方式传送到财务共享服务中心来进行业务处理。而该共享中心刚成立不久，没有任何有效的管理方式来对运营过程进行监督控制，并且共享中心的具体业务人员对自身工作的要求没有清晰的界定。在这种状况下，客户普遍反映报销周期过长，而很多员工对此问题也进行了激烈投诉。该共享中心召开紧急会议：一些观点认为是共享中心的业务人员出现问题，员工没有尽力工作；一些观点认为是业务处理的前提条件准备不是十分充分，单据在邮寄或领导审批环节耽误了过多时间。于是共享中心引入了DMAIC方法来解决问题。首先确定问题，改进的目标是将报销周期控制在一个可接受的水平。通过问卷调查的方式得到的反馈结果是报销周期在两周以内是可以接受的。而要达到这个水平，共享中心必须知道自己现在是什么样的水平。其次进行测量，数据显示目前的报销周期长达一个月。再次深入分析，通过对票据提交周期、领导审批周期、邮寄周期、分拣周期、支付周期的分解，清晰地定位了目前报销周期的分布状况。最后进行改进和优化。

9.4　财务共享服务中心内控与风险管理

内部控制是会计事务和审计事务的一个重要工作内容，是确保一个组织在经营效率上的目标、财务报告等遵守法律法规和政策的过程。从广义角度上来看，内部控制会涉及控制组织风险各个方面的内容，控制本身的目的是将绩效、事务状态控制在可以接受的预期范围内。内部控制一般会通过一系列互相关联的组成部分来实现，比如影响员工行为的外在环境、控制信息、内部控制管理程序等。

9.4.1 财务共享模式的内控管理

第一，战略运营。在财务共享服务中心模式的作用下，内部控制深化建设要深入满足财务信息共享的要求，根据内部控制体系提高建设方面的研究和应用来优化企业内部组织，强化对内部控制管理的重视，从而更好地推进财务共享模式转型发展。第二，流程制度。以风险导向、应用深化、过程管理控制、成效加速作为发展的主线力量，在财务会计管理的过程中会通过多方面的权衡分析来找到影响财务共享内部控制工作开展的不利因素，从而实现财务管理工作与企业经营发展目标相适应。在财务共享服务中心的带动下，共享财务平台会进一步拓展自己的视野，站在更广泛的角度上为基层落实服务。另外，在组织和引导内部财务会计人员开展工作的时候需要制定出一个完善的服务中心标准，在这个标准的约束和规范下安排各财务事项，包括财务运营、财务监督、财务管理等，共享信息。第三，人员组织。在实施财务信息共享应用的过程中需要打造出完善的财务管理工作标准，在实际操作层面会根据财务共享数据信息的应用特点，将之前基层单位财务部门需要承担的工作职责，比如成本费用核算、工程核算、资产核算等职能统一划归到新建立的财务共享服务中心。在操作岗位的设置上则是需要根据财务管理系统布置的要求来整合资产信息，划清内部岗位各部门的职责限制，建立各个财务流程，明确彼此的审批。

9.4.2 财务共享模式内控的意义

第一，提升财务业务的处理效率。在财务共享模式影响下，企业财务共享服务中心会通过积极主动的宣传来为内部控制管理提供充沛的信息支持。在财务共享服务中心打造内部控制检查部门能够提升内部控制的执行力。在所有检查工作完成之后，员工会对内部控制工作产生新的认识，通过不断地交流和培训学习能够增进员工之间的交流，提高内部控制业务的处理效率。第二，能够强化财务部门对业务的管理控制。在财务共享服务中心打造内部控制检查部门之后，企业会为内部控制工作的开展营造良好的环境支持，在这样的环境下能够更好地进行财务管理，规范一系列财务管理的行为，杜绝不正当行为的出现。第三，强化财务风险管理意识，将内部控制制衡机制贯穿全过程中。在财务共享的发展模式下，企业内部控制检查实现了多元化的发展，在实施财务管理的时候企业可以应用个别访谈、比较分析、实地检查等方式来优化财务业务流程，对与财务管理相关的资料进行审批，在发现问题后及时采取措施予以整改，以此来降低财务管理风险，实现对企业内部的全面控制。

9.4.3　财务共享模式内控的挑战

第一，人才结构变化风险。在财务一体化改革之后，基层服务人员将大幅度减少，人员之间的沟通成本会增加，最终会导致业务缺乏力量支撑，即便开展了内部控制工作，也无法有效控制潜在的风险。在财会一体化的背景下，如何强化各基层单位的财务管控联系也是需要解决的问题，这个问题的存在为我国基层财务管理工作发展带来了挑战。第二，业财分离风险。在财务共享一体化发展背景下，受财务组织改革的影响，多数会计核算人员会被集中到财务共享服务中心上，财务触角会收缩。另外，财务共享服务不仅会牵扯到财务职能的调整变化，也会深刻影响其他部门的工作流程，对企业内部财务控制管理来说是一项复杂、全新的工作。第三，流程管理风险。随着财务共享服务中心的打造，对于整个企业发展建设来说，以往的共享管理流程模式作用不明显，管理风险时常发生，最终限制了整个企业的发展。如何保证资源信息共享后流程的科学、合理是财务共享服务中心建设发展迫切需要解决的问题。第四，信息传递风险。受财务运营职能向上移动到财务共享服务中心各个科室发展的影响，在财务数据信息共享管理的过程中，如果缺乏信息技术的支持，各个基层部门之间的会计核算文档很难实现有效传递，最终不仅会影响财务人员业务的处理效率，而且还会增加纸质文档在传输的过程中信息丢失的风险。

9.4.4 财务共享模式内控的举措

1. 优化财务共享服务中心模式下的内部控制运营管理

第一，打造与战略经营目标相适应的内部控制管理体系。企业财务共享变革的实现要按照集约化的目标来实现，在集约化目标的影响下促进财务管理从事务类型转变为战略发展类型，在推进财务管理革新的过程中要将风险和内部控制理念充分体现在经营管理活动中。第二，借助信息共享平台来开展信息交流。借助共享服务平台来实现基层单位之间的信息交流，比如借助财务系统为各个基层单位提供畅通的渠道，促进信息的传递。同时，在这个过程中也可以通过数据信息的综合比对来推进各基层单位之间的经验交流，实现彼此的共同促进、共同发展、共同完善。

2. 优化财务共享服务中心模式下的人员组织

第一，打造财务共享服务中心财务工作标准体系。将原本由各基层单位承担的成本核算、工程核算、资产核算等职能统一到最新建立的财务共享服务中心。同时，在岗位操作中，伴随财务管理框架的变动，需要对财务资产部门和关联财务部门的工作职责做出更进一步的明确，并且在财务工作调整的过程中还需要优化审批权限。第二，实现决策层、审批层、执行部门的职责分离。公司需要明确决策、审批、执行部门的工作职责，将会计核算业务由各基层单位单独处理转变为由财务共享服务中心统一处理。

3. 完善财务共享服务中心流程制度

第一,制定规范化的财务共享服务中心财务工作规范。通过发布规范化的财务共享服务中心财务工作规范来对财务共享模式下的财务管控流程做出规定,划清各部门的工作职责,确保各部门之间的管理通畅。第二,发布业财融合标准管理要素规范。按照固化职责界面、推动职能转型的要求,经过多部门的沟通协调后完成财务共享的设施细节。第三,执行凭证交叉审核机制。各基层单位的财会凭证均由共享中心控制,在这个过程中,为防范人为操作风险,需要优化控制会计凭证的审核控制环节,实现财会管理的规范化发展。

4. 优化财务共享一体化信息载体

第一,打造一体化信息平台。通过打造信息化一体平台来实现原始凭证数据信息的流畅使用,防范信息传递风险。第二,统一数据信息来源,增强数据公允性。借助财务共享服务中心统一基层单位的基础数据管理平台,保证信息的公允性和客观性。

综上所述,财务共享服务中心模式下的内控深化建设是一项长期性的工作,这项工作的开展能够为内部控制管理提供有力的支持。优化内部控制管理,表现为能够进一步强化工作人员的风险意识,严格贯彻落实内部控制平衡机制,从管控关系上推进内部控制管理;优化财务管理标准,改善业务处理流程,实现内部控制的标准化发展;打造多元化的内部控制保障体系,实现财务资源共享应用,通过对信息系统的开发应用来实现原始凭证信息的深度融合,为内部控制标准的顺利落实提供重要平台服务支持,并通过完善财务共享绩效考核机制来更好地发挥主人翁的精神,增强员工工作的主观能动性。

本章小结

财务共享服务中心运营质量管理偏向于对结果的反应,六西格玛管理偏向于把控质量的全流程,更强调联合业务一起降低差错率。内控管理机制偏向于在事中向业务提供风险管理服务,在事后通过内控检查的方法监控业务执行的有效性,三者的有机结合可以更好地提升财务共享服务中心的运营水平。

第 10 章 财务共享服务中心管理成熟度评价

为合理有效地衡量与评价财务共享服务中心的运营管理能力,通过设置量化的成熟度等级、成熟度评价指标体系可以衡量出财务共享服务中心的发展情况,结合定期的评价促进共享的平稳运营及价值最大化,指导财务共享服务中心的管理改进方向。

10.1 管理成熟度的主要内容

管理成熟度是指财务共享服务中心内部管理的发展成熟程度，在内部管理方面主要表现在组织模式与领导、标准化、信息系统、管理制度、计划调度、人员管理和培训、现场管理、质量控制、客户服务等方面，将各维度进行量化考评后得出财务共享服务中心的成熟度等级，如表 10-1 所示。

表 10-1 财务共享服务中心管理成熟度等级

指标	权重	第 1 级 初始 管理级	第 2 级 自发 管理级	第 3 级 定义 管理级	第 4 级 规范 管理级	第 5 级 优化 管理级
组织模式与领导管理	5%	60 分以下	60~70 分	71~80 分	81~90 分	91~100 分
标准化管理	15%	60 分以下	60~70 分	71~80 分	81~90 分	91~100 分
信息系统管理	10%	60 分以下	60~70 分	71~80 分	81~90 分	91~100 分
管理制度	5%	60 分以下	60~70 分	71~80 分	81~90 分	91~100 分
计划调度	10%	60 分以下	60~70 分	71~80 分	81~90 分	91~100 分
人员管理及培训	10%	60 分以下	60~70 分	71~80 分	81~90 分	91~100 分
现场管理	5%	60 分以下	60~70 分	71~80 分	81~90 分	91~100 分
质量控制管理	15%	60 分以下	60~70 分	71~80 分	81~90 分	91~100 分
客户服务管理	10%	60 分以下	60~70 分	71~80 分	81~90 分	91~100 分
绩效衡量与分析	15%	60 分以下	60~70 分	71~80 分	81~90 分	91~100 分
管理成熟度综合	100%	60 分以下	60~70 分	71~80 分	81~90 分	91~100 分

各成熟度等级具体内容如下。

(1) 初始管理级：日常管理经常遇到问题，无章法，各种管理动作无统一标准。

(2) 自发管理级：管理动作基于需求的驱动，管理动作就是就事论事地应对。

(3) 定义管理级：基于实践总结并开始定义，管理动作有了初始的定义。

(4) 规范管理级：管理动作已趋于体系化与规范管理，开始授权实施。

(5) 优化管理级：管理规范性已达到一定的成熟程度，持续改进优化，保证管理的稳定性。

10.2 管理成熟度的基本框架

10.2.1 管理成熟度评分

管理成熟度综合指标根据表 10-1 中各项目的指标评价情况综合计算出得分。

(1) 得分在 60 分以下的属于初始管理级，说明财务共享服务中心的管理不成熟，须对各维度管理动作全面梳理，制定完整的制度体系并按标准实施。

(2) 得分在 61~70 分之间的属于自发管理级，说明财务共享服务中心的管理成熟度较低，须对运营管理各方面展开规划，制定相应改善措施，并落实改善。

(3) 得分在 71~80 分之间，说明财务共享服务中心的管理已逐步走入规范化管理的准备阶段，需要进一步完善管理框架，对管理的覆盖内容查缺补漏。

(4) 得分在 81~90 分之间，说明财务共享服务中心的管理已趋于规范，应保证管理的稳定性，同时考虑创新与先进的管理理念的引入。

(5) 得分在 91~100 分之间，说明财务共享服务中心的管理规范化程度已较高，除保持稳定性外，应将管理的重心放在管理的先进性与持续优化改进上。

10.2.2　管理成熟度测评方法

管理成熟度测评主要有以下四种应用方法。

1. 专家评估法

专家评估法也称专家调查法，是以专家为索取信息的对象，组织行业内的专家运用专业方面的知识和经验，通过直观的调查、归纳，对评价对象过去和现在的状况、发展变化过程进行综合分析与研究，对评价对象实际状况做出判断。

2. 现场检查

现场检查是指监管人员直接深入到具体业务中，通过核实和查清非现场监管中发现的问题和疑点，达到全面深入了解和判断业务运营现状的一种实地检查方式。

3. 系统取数

系统取数是指从系统中提取明确的指标变量，得出指标分析结果对成熟度进行评估的方式。

4. 调查问卷

调查问卷是指以问题的形式系统地记载调查内容，获取调查结果的方式。

10.2.3 管理成熟度建设路径

(1) 财务共享服务中心在最初建立时期，由于新的管理模式及业务流程的再造，各种管理制度的试行、固化与摸索，将更多精力放在了业务处理的顺畅无误上，可能会出现较低的成熟度评价结果，这种阶段应尽可能控制在财务共享服务中心建立后的半年内。

(2) 财务共享服务中心在成立半年到一年内，应将管理成熟度提高到定义管理级，并逐步为规范管理级的提升做好准备。

(3) 财务共享服务中心在成立一年后应将成熟度提高到规范管理级。

(4) 财务共享服务中心在成立两年后应将成熟度提高到持续优化级。

10.3 管理成熟度的评价细则

10.3.1 组织模式与领导管理评价

组织模式主要评价财务共享服务中心的战略规划方向是否与企业总体规划契合、职能定位是否完善、管控体系是否清晰、组织架构汇报关系是否满足要求及人员管理是否规范等内容；领导管理评价主要集中在业务运营质量、客户满意度及招聘目标达成率等方面，具体内容见表10-2。

表 10-2　组织模式与领导管理评价

项目	检查内容	检查点	检查方法
组织评价	战略规划方向	是否契合公司总体战略规划方向，能否强化财务管理能力	专家评估法
	职能定位	职能是否完善，职能边界是否清晰，与子公司或机构职能是否无重叠	专家评估法
	管控体系	是否清晰，执行是否严格	专家评估法
	组织架构	汇报关系和与其他组织沟通机制是否清晰，考核权、管理权和工作安排权责是否明确	专家评估法
	人员管理	人员岗位管理是否规范，是否按照岗位定义开展工作	专家评估法
领导评价	业务总量差错率	业务总量差错率 = ∑业务 N 的差错率 × 业务 N 业务权重系数 (业务差错率 = 业务的差错笔数 / 已处理业务笔数)	系统取数
	业务首次处理通过率	业务首次处理通过率 = ∑业务首次处理通过率 × 业务 N 的业务权重系数 (业务首次处理通过率 = 业务首次处理通过笔数 / 已处理业务总笔数)	系统取数
	人均标准单量目标达成率	人均标准单量目标达成率 = ∑业务人均标准单目标达成率 × 业务 N 的业务权重系数 (业务人均标准单目标达成率 = 实际人均标准单量 / 目标人均标准单量)	系统取数
	单位标准单的成本目标达成率	实际单位标准单的成本 / 目标单位标准单的成本	系统取数
	客户满意度	根据客户对财务共享服务中心的评价判断	问卷调查
	人员保留率	考核人员留存比率	系统取数
	招聘目标达成率	招聘目标达成率 =(实际需要人数 – 目标需要人数)/ 目标需要人数	系统取数

10.3.2　标准化管理评价

标准化管理是指文档标准管理、流程作业管理及制度标准化管理过程的规范，评价流程及作业的执行实施力度、评价流程、制度和文档体系的标准化程度，具体内容见表 10-3。

表 10-3 标准化管理评价

项目	检查内容	检查点	检查方法
组织	财务共享服务中心应设置固定组织及岗位履行标准化管理职能	财务共享服务中心组织架构是否设置标准化管理组织	专家评估法
制度	财务共享服务中心应设置制度或标准规范管理，包括文档管理、流程、作业管理及制度标准化管理	财务共享服务中心是否存在相关制度或规范	现场检查
文档标准化管理	财务共享服务中心文档管理人员及时对外发布各类文档	是否按时发布文档	现场检查
文档标准化管理	财务共享服务中心文档管理人员应适时更新各类文档，保证文档的效用性	是否及时更新相关文档	现场检查
文档标准化管理	文档拟制人应严格使用统一模板，符合编码规则	提交标准化管理岗进行发布的文档是否使用统一的文档模板	现场检查
文档标准化管理	文档拟制人应严格使用统一模板，符合编码规则	提交标准化管理岗进行发布的文档是否符合编码规则	现场检查
文档标准化管理	财务共享服务中心文档管理人员应在规定的时限内归集、整理、装订各类文档，电子文档归档及时	电子文档是否在发布当日归档在文档数据库中	现场检查
文档标准化管理	财务共享服务中心文档管理人员应在规定的时限内归集、整理、装订各类文档，电子文档归档及时	纸面文档的归集和装订是否按时间要求进行	现场检查
文档标准化管理	财务共享服务中心文档管理人员应在规定的时限内归集、整理、装订各类文档，电子文档归档及时	装订是否规范	现场检查
流程及作业标准化管理	标准化管理人员应及时制定、修订相关流程，提高对经营活动的适时支撑服务能力	是否及时制定和修订相关流程	现场检查
流程及作业标准化管理	标准化管理人员应确保流程畅通、处理及时，确保工作效率	是否因为流程设计的问题造成流程不畅	现场检查
流程及作业标准化管理	流程执行标准统一，相对固定，既定的流程标准能够严格执行	流程执行标准是否统一	现场检查

续表

项目	检查内容	检查点	检查方法
制度标准化管理	制度的制定、发布、变更及废止应严格按照流程处理	是否按流程处理	现场检查
	标准化管理岗应及时制定、变更及废止相关制度,提高政策的执行力	是否及时制定、变更及废止相关制度	现场检查

10.3.3 信息系统管理评价

信息系统管理评价是指对财务共享服务中心的信息系统是否提高财务业务运营效率,财务业务的系统覆盖程度、系统现状及系统日常维护做综合评价,具体内容见表10-4。

表10-4 信息系统管理评价

项目	检查内容	检查点	检查方法
组织	财务共享服务中心应设置固定组织及岗位履行系统管理职能	财务共享服务中心组织架构是否设置系统组织	专家评估法
标准化	财务共享服务中心应设置制度或标准规范财务信息系统功能,包括:财务信息系统功能规范、与外部或内部系统间接口规范、各机构专项功能规范及系统管理规范等	财务共享服务中心是否存在相关制度或规范	现场检查
系统支撑	财务共享服务业务操作信息化支撑程度	会计核算业务是否有系统支撑	现场检查
		税金计算是否有系统支撑	现场检查
		财务报表是否有系统支撑	现场检查
		资金管理是否有系统支撑	现场检查
		档案管理是否有系统支撑	现场检查
		系统需求管理是否有系统支撑	现场检查

续表

项目	检查内容	检查点	检查方法
系统现状	ERP系统：统一的科目设置，可以尽可能地满足各种报告和管理会计的要求；稳定的系统性能；财务管控体系健全，保持财务独立性	与标准的系统功能进行对标，由评估团对各项进行打分，综合得出各系统成熟度分值	专家评估法
	费控系统：实现费用过程监控，满足费用和预算管理要求；满足用户友好性；灵活的规则及权限配置		专家评估法
	资金管理系统：实现集团资金集中管控，保证资金安全；以自动化手段实现资金调拨、集中支付及制证、银企对账		专家评估法
	财务系统集成能力：财务内部系统间及财务系统与外部系统的高度集成；系统间功能边界划分清晰		专家评估法
	报表管理系统：实现报表的高效、准确输出；满足业务多样化需求		专家评估法
系统规划及计划	财务共享服务中心系统建设应有长远、合理的系统规划及短期可操作的改进计划	是否存在长期规划及短期计划	专家评估法
		短期规划是否合理、可落地	专家评估法
		长期规划是否合理	专家评估法
系统日常管理	问题处理	问题处理是否及时	现场检查
		是否是有效投诉	现场检查
	权限处理	用户权限是否定期清理	现场检查
		管理员权限是否规范	现场检查
		权限申请是否符合流程	现场检查
	需求管理	是否符合需求管理规范	现场检查
	IT服务满意度调查	问卷可从系统易用性、界面友好性、系统使用稳定性等方面设计问题	调查问卷

10.3.4　管理制度评价

管理制度评价从制度需求的产生、分析、起草、审批、发布、变更及归档全流程的规范性进行分析，主要对财务共享服务中心的管理制度完整性、规范性及日常管理等方面进行评价，旨在规范财务共享服务中心的管理制度体系，具体内容如表 10-5 所示。

表 10-5　管理制度评价

项目	检查内容	检查点	检查方法
组织	财务共享服务中心应配备完善的制度管理体系并设置专岗负责制度管理工作	组织架构中是否包含制度管理组织或岗位	专家评估法
		制度管理组织职责是否完善	专家评估法
制度完整性及执行情况	财务共享服务中心应制定制度管理标准化规范	是否存在相关管理制度	现场检查
制度完整性及执行情况	财务共享服务中心内部管理制度是否完整	系统管理制度是否完整	现场检查
		运营优化制度是否完整	现场检查
		标准化管理制度是否完整	现场检查
		服务管理制度是否完整	现场检查
		培训管理制度是否完整	现场检查
		现场管理制度是否完整	现场检查
		质量管理制度是否完整	现场检查
		成熟度管理制度是否完整	现场检查
		绩效管理制度是否完整	现场检查
	业务运营应严格按照制度执行	日常业务运营是否按制度流程操作	现场检查
系统	制度的起草、审批、发布、变更、归档需要有系统支撑	是否存在相关系统支撑制度的全流程处理	专家评估法
		系统功能是否完整（起草、审批、发布、变更、归档）	专家评估法
日常管理	制度发布、变更、归档处理及时	通过抽查及调查问卷等方式评价	现场检查
	制度文档按照规范进行编码		现场检查
	制度按照标准模板编写、描述准确		现场检查

10.3.5 计划调度评价

计划调度主要为财务共享服务中心运营提供合理的排班预测及规划，满足业务需要并控制人力成本。计划调度的评价主要从排班的组织、制度、系统支撑及日常管理方面检验其合理性，具体内容如表 10-6 所示。

表 10-6 计划调度评价

项目	检查内容	检查点	检查方法
组织	财务共享服务中心应设计合理的工作计划调度体系，并设置专岗负责计划调度工作	组织架构中是否包含计划调度岗位	专家评估法
制度	财务共享服务中心应发布相关制度规范计划调度工作及排班管理规范	制度或流程体系中是否包含计划调度内容	专家评估法
系统	财务共享服务中心应采用先进的系统管理方式实现计划调度	是否存在相关系统功能支撑计划调度	专家评估法
		系统功能是否完整	专家评估法
日常管理	排班规则需清晰、合理	专家评估	专家评估法
	排班表展示直观、易懂、可操作	专家评估	专家评估法
	排班效果评估	实际工作量与预测工作量拟合程度评估	系统取数
	员工接受度评估	考虑员工接受度、轮换对身体的影响等	调查问卷

10.3.6 人员管理及培训评价

人员管理及培训能够促进企业与员工的双向沟通，提升员工的综合素质，提高工作效率和服务水平，满足业务发展的需要，对人员管理和培训的评价能够更加有目的性地优化培训规划，提升财务共享服务中心的业务处理效率，具体内容如表 10-7 所示。

表 10-7 人员管理及培训评价

项目	检查内容	检查点	检查方法
组织	财务共享服务中心应设计合理的人员管理及培训体系，并设置专岗负责人员管理及培训工作	组织架构中是否包含运营管理岗位	专家评估法
制度	财务共享服务中心应发布人员管理及培训制度	制度或流程体系中是否包含人员管理及培训内容	专家评估法
系统	财务共享服务中心应采用先进的系统管理方式实现人员管理及培训职能	是否存在相关系统功能支撑人员管理及培训	专家评估法
		系统功能是否完整	专家评估法
规划	财务共享服务中心应对培训及招聘制订长期规划和短期计划	是否存在长期规划和短期计划	专家评估法
		短期计划是否合理、可落地	专家评估法
		长期规划是否合理	专家评估法
	财务共享服务中心应针对不同业务序列制定薪酬福利体系	是否存在相应的制度体系	专家评估法
		制度体系是否合理	专家评估法
人员管理	人员信息是否完整	除人员基本信息外，还应包含职业发展通道轨迹等历史数据	系统取数
	考勤报表输出是否及时、完整、准确	是否满足人力数据输出要求	系统取数
	人员关怀评估	人员关怀体系是否完整	调查问卷
	职业发展通道	职业发展通道是否合理	专家评估法
	团队建设	员工对团队建设的满意度	调查问卷
	人员保留管理	人员保留率是否符合公司要求	系统取数
培训管理	财务共享服务中心员工接受培训的覆盖程度	主要分析培训人次	系统取数
	培训课程体系是否全面	课程体系是否覆盖了财务共享服务中心业务范围	专家评估法
	培训课程评估	培训课程是否提升了学员的业务技能和综合素质	专家评估法
	讲师能力评估	包括教学设计、教学组织及其教学效果等内容	调查问卷
	培训满意度调查	包括教学内容、授课方法、培训时长、培训组织、服务等内容	调查问卷

10.3.7 现场管理评价

现场管理涉及现场环境、员工行为等多方面的具体化和详细化的内容和要求，旨在建立有生产力的、有效的工作系统。现场管理的评价主要集中于对工作环境和工作行为两方面的综合考量，具体内容如表10-8所示。

表10-8 现场管理评价

项目	检查内容
着装规范	按统一的着装要求规范着装
	正确佩戴工卡
出勤规范	工作时间不能聊天、睡觉、阅览与工作无关的报纸或网站
系统规范	员工工作电脑的桌面、屏保及软件等符合公司规范
办公规范	办公现场公共区域的物品摆放整齐，无推车、纸箱及其他杂物堆放
	走道上无物品摆放
	公用位的物品（打印机、纸等）按要求整齐有序地摆放
	文件柜上没有放置任何物品且标识格式统一
	除了存、取文件外，其余时间文件柜门一律关闭
	个人办公位按照要求摆放
	个人办公位的物品按要求摆放，私人物品不能超过三件
	电脑显示器上没有放置资料或其他物品
	办公隔板横竖成直线，电源线、信号线捆扎不外露
	个人办公位和公用位按统一要求进行标识，不得出现无标识或标牌破烂的现象
	没有在公告板以外随意张贴个人信息
	打印机、传真机、计算机、工作台、隔断、文件柜无多余物品
礼仪规范	工作时间严禁在办公室内吃零食
	禁烟区严禁吸烟

续表

项目	检查内容
信息安全规范	上班时间不得打印与工作无关的文件；不得拿取他人打印的文件；不得重复打印造成纸张浪费
	所有计算机应设置屏幕保护程序，并设置屏保密码，员工长时间离开工位后应锁屏
	定期更换密码
	员工离职时所有的信息系统权限须被关闭
	密级文档应该放置在带锁的抽屉或保险柜中
	已作废的密级文件需使用碎纸机销毁
	员工不得随意拆卸计算机机箱
	员工不应在计算机上安装未授权软件或非标准软件

10.3.8 质量控制管理评价

质量控制主要是保障财务共享服务中心业务的运营质量，防范质量事故，对其评价的主要目的是为促进质量体系完善，具体内容如表10-9所示。

表 10-9 质量控制管理评价

项目	检查内容	检查点	检查方法
组织	财务共享服务中心应设计合理的质量控制体系，并设置专岗负责质量控制工作	组织架构中是否包含质量控制组织或岗位	专家评估法
制度	财务共享服务中心应发布质量控制管理制度，包括质量控制流程、目标设置等规范	制度或流程体系中是否包含质量控制内容	专家评估法
系统	财务共享服务中心应采用先进的系统管理方式实现质量控制管理	是否存在相关系统功能支撑质量控制操作，是否在作业系统中存在质量管理平台	专家评估法
		系统功能是否完整	专家评估法

续表

项目	检查内容	检查点	检查方法
质量目标管理	会计核算差错率（收入支出、费用、总账业务）≤ 0.5%	会计核算差错率 = 会计凭证差错数量 / 当月会计凭证制证数量 ×100% 会计核算差错率≤ 0.05% 为优秀，得 10 分；会计核算差错率≤ 0.5% 为合格，得 6 分；会计核算差错率 > 0.5%，扣 10 分，并要求调整有关人员岗位或接受待岗培训后再上岗	系统取数
	资金业务	银行错收，包括错收银行账户、金额错误等；错付是指金额错误、收款单位及银行账号与原始凭证不相符；金额错误是指收款单位及银行账号与原始凭证不相符	系统取数
		资金划拨是否及时、准确	系统取数、现场检查
		资金报表是否有差错	现场检查

10.3.9 客户服务管理评价

财务共享服务中心的主要定位是服务和支持，客户服务是财务共享服务中心的重要职能，对客户服务的评价主要集中于业务处理的时效性、准确性及客户满意度三个方面，具体内容如表 10-10 所示。

表 10-10　客户服务管理评价

项目	检查内容	检查点	检查方法
组织	以服务为导向的财务共享服务中心应配备完善的组织负责客户服务管理	组织架构中是否包含客户服务组织	专家评估法
		客服服务组织职责是否完善	专家评估法
制度	财务共享服务中心制定了相关规范客服服务质量及流程的管理制度	是否存在相关管理制度	专家评估法

续表

项目	检查内容	检查点	检查方法
系统	客户服务需要运营管理系统支撑	是否存在运营管理系统支撑客户服务	专家评估法
		系统功能是否完整	专家评估法
日常管理	业务处理及时	综合评价	系统取数
	业务处理正确		系统取数
	在规定时限内答复员工咨询的问题		系统取数
	未处理的员工咨询类邮件积压不超过2个小时		系统取数
	答复内容详细完整、依据充分		系统取数
	服务意识到位，沟通主动，工作态度积极主动		系统取数
	沟通时使用礼貌用语		系统取数
	具备一定的沟通技巧，能有效控制沟通氛围		系统取数

10.3.10 绩效衡量与分析评价

绩效是衡量一个组织运营是否良好的重要标志。财务共享服务中心的组织绩效体现在业务处理时效及单据库存两个方面，本评价主要对流程各环节所用时间及表单积压数量进行衡量，以量化的方式评价财务共享服务中心的运营成果，具体内容如表10-11所示。

表10-11 绩效衡量与分析评价

项目	检查内容	检查点	检查方法
组织	财务共享服务中心应设计合理的绩效评价体系，并设置专岗负责绩效管理及分析工作	组织架构中是否包含绩效分析岗位	专家评估法

续表

项目	检查内容	检查点	检查方法
制度	财务共享服务中心应发布组织及岗位绩效管理制度	制度或流程体系中是否包含组织及岗位绩效管理内容、绩效指标是否全面、合理	专家评估法
系统	财务共享服务中心应采用先进的系统管理方式实现绩效衡量及分析职能	是否存在相关系统功能支撑绩效衡量及管理	专家评估法
		系统功能是否完整	专家评估法
规划	财务共享服务中心应对总体绩效指标制定长期规划	是否存在规划	专家评估法
		规划是否合理	专家评估法
绩效目标管理	全流程业务平均处理时效	业务从发起到处理完毕不超过规定的天数	系统取数
	平均单据成本	平均成本应控制在集团要求范围内	系统取数
	人均标准单量	人均完成标准单量是否合理	系统取数

本章小结

管理成熟度是评价财务共享服务中心所处阶段的有效手段，其包含了对管理成熟度的评分、评测方法和建设路径，通过对组织模式、领导管理、标准化、信息系统、管理制度、计划调度、人员管理、现场管理、质量控制、客户服务、绩效衡量与分析等多维度进行评价后得到综合评价，实现可量化的结果，并对财务共享服务中心未来的发展方向提出改善建议。

附 录 大型企业财务共享服务中心案例研究

随着世界经济全球化的日益发展，大型企业之间的竞争也日益激烈。企业之间的兼并、合并及企业内部的整合等变化日趋增多，全球经济的一体化、企业发展的规模化已经是一种不可逆转的方向。在这样的背景下，各大型企业都希望运用更为先进和有效的管理思想和技术手段来增强企业自身的竞争力，因此，财务共享服务中心作为财务转型、增强企业核心竞争力的重要举措被广泛使用。目前，国内的大型企业对财务共享服务的应用也比较普遍。经过多年的发展，已经形成了比较成熟的财务共享服务中心运营体系，也达到了很好的运营成效，可以为同行业或者其他行业财务共享服务中心的建立和运营提供借鉴。H集团作为大型企业集团，是国内第一批成立财务共享服务中心的企业之一，其对财务共享服务中心的建设、运营和发展沉淀了相关的行业经验。

一、财务共享服务中心建设的目标和原则

H集团财务共享服务中心的建设目标是形成一套覆盖业务、技术、管理、服务于集团公司财务共享服务中心建设和运营的方法论，H集团财务共享服务中心建设的原则是规模效应和管理效率兼顾，运营成本和承载能力兼顾，符合上市公司的监管及依法合规。

二、财务共享模式的总体框架

财务共享服务中心来自企业战略的长远规划,是财务管理模式的变革,它是一套系统性工程,涉及战略定位、模式选择、企业业务流程改造、系统建设、组织架构设置、人员招聘和培训、办公地点选择等各个方面,所以财务共享服务中心需要运用全局架构进行设计、建设与运营。

全局架构通常被用于描述一个事物,如组织架构、软件架构。对于财务共享服务中心来说,长期的财务共享服务运营容易让管理者陷入局部思维和过于关注细节的困境中,从而忽视了对于全局架构的考察。实际上,建设财务共享服务中心的目的不仅仅是为了满足财务需要,而是要形成由多个方面构成的完整的架构体系。因此,在不同层次中应用架构思维去开展财务共享服务中心的建立和后续运营管理具有非常重要的意义。

具体来说,财务共享服务中心的全局架构包括了战略定位、模式选择、组织架构、流程设计、信息系统、数据规范、变革管理等多个方面。在全局架构中,我们需要关注各个组件的特性及相互关系,并针对每个组件进一步深化管理。

战略定位:涵盖财务共享中心的战略目标,战略结构和战略职能等相关内容。

模式选择:涵盖财务共享中心布局、管控架构等相关内容。

组织架构:涵盖财务共享中心的运营模式、内设组织、管控关系、岗位职责、人力能力要求等相关内容。

流程设计:涵盖流程分类、流程要素、财务共享中心流程服务目录、财务共享中心典型流程等相关内容。

信息系统:涵盖服务申请、自动化流程引擎、交互中心、自助服务、共享服务水平协议分析、权限管理、业务和系统集成工具、知识管理等相关内容。

数据规范：涵盖数据的定义、数据管理流程，数据应用场景等相关内容。

变革管理：涵盖战略变革、组织变革、技术变革、流程变革等相关内容。

（一）战略定位

企业集团战略定位是指公司通过什么方式和途径为哪些客户提供什么产品和服务的决策，以获取和保持经营优势，实现公司的战略目标。战略定位的目的是实现公司的发展目标，而要实现发展目标，公司必须获取和保持经营优势，而经营优势则来源于对目标客户、产品和服务，以及运营模式三方面的决策。从本质上讲，战略定位是选择与竞争对手差异化的活动，或以差异化的方式完成相似的经营。财务共享服务中心的战略定位框架包括财务共享服务中心战略目标、战略结构、战略职能三个方面的内容，战略目标是对经营活动预期目标的期望值；战略结构是财务共享服务中心的定位规划；战略职能是服务模式的规划，以及未来战略财务、共享财务、业务财务的职能划分。财务共享服务中心的战略定位处于顶层的地位，只有在战略层面规划好整个共享服务的方向，才能使财务共享服务中心的业务始终与财务中心战略定位保持一致。

根据共享中心的建设规划和运营管理要求，加强共享业务标准化、集约化管理；兼顾区位条件、规模效应和管理效率，优化共享中心布局；按照业务匹配、分步实施，精简高效设置机构定员，确保业务平稳衔接过渡，为推动集团公司财务管理转型升级、加快创建世界一流能源企业提供组织支持和人员保障。

(二)模式选择

财务共享服务中心运营模式主要包括物理集中的财务共享服务中心和虚拟的财务共享服务中心两种。物理集中一般划分为单中心和多中心两种模式,模式的选择和管理架构相匹配。其中,多中心模式可以根据地域、板块或者"地域+板块"进行融合,根据各中心之间的关系又可以分为总分模式、平行模式和联邦模式。总分模式是指1套系统集中部署,1个管理中心和多个分中心;平行模式是多套系统独立部署,多个共享服务中心,互相没有协作;联邦模式是指多套IT系统对立部署,1个管理中心,多个分中心。虚拟财务共享服务中心是指人员不集中,通过网络和信息技术将不同员工联系起来。综合考虑H集团业务特点及项目建设成本等因素,H集团最终选择集中运营统一管理模式,按照总分中心设置财务共享服务中心,即设置1个总中心,10个分中心。

(三)组织架构

财务共享服务中心的组织架构承接了战略定位,目的是为业务建立完善的组织保障体系,围绕财务共享服务中心的战略目标,不断降低成本,提升管控能力,从而保障战略目标的实现,它包括了组织设计、运营模式、内设机构等方面的内容。一方面,财务共享服务中心的组织架构设置和运营模式有着紧密的联系,不同的运营模式决定了不同的财务共享服务中心布局,进而决定了财务共享服务中心的内设组织形式。另一方面,组织架构是业务流程的基础和运行的载体;信息系统为组织架构提供了支撑;运营管理则承接了组织人员的管理责任,使组织人员能够更加优化,发挥更多的作用。

H 集团财务共享服务中心在集团公司总部、直属单位、基层企业三级管控的基础上，保持集团公司财务部的管理职责不变，同时要求共享中心接受集团公司总部的业务指导，按照总分模式管控架构。直属单位和基层企业按照集团公司共享业务的管理标准和流程，与共享中心进行业务对接。

（四）流程设计

流程管理是将企业中的各项业务流程细化，通过标准化的运行方式，将输入、输出有机地关联并相互转化的过程。完整的财务共享流程管理可以概括为流程目标确立、流程再造与组织结构调整、流程执行、流程优化与维护四个环节，并且这四个环节都是围绕企业整体的战略目标展开。流程管理是财务共享服务中心建设的重心，其中流程再造是关键。一方面，企业需要关注流程再造的方式和方法，选择合理的流程梳理途径，循序渐进地开展改革事宜，并在人事方面做出有效协调，为企业员工提供优良的发展渠道和培育机制，避免在流程再造的过程中产生一些负面效应。另一方面，规范、标准化的流程管理体系能让财务共享服务中心更有效地控制运行成本，优化信息输出的质量，提高企业灵活应变的能力，综合改善企业的组织结构和资源配置，大幅度提高客户满意度，实现企业在经济效益方面的质的提升，促进企业战略目标更快落地。

H 集团财务共享服务中心现已将销售至应收流程、采购至支付流程、员工费用报销流程、资产核算、总账核算等纳入共享中心管理。单据传递机制是实物单据本地保管，基于影像系统与扫码枪实现单据影像的传递和审核；对于费用报销流程，搭建在线报账平台，以标准规范提升管控，提升整体财务服务质量；对于采购至应付流程，通过税财企直连应用提高财务审核标准和效率，强化财务管控；对于销售至应收流程，统一财务核算模式，规范业务单据标准，使数据口径统一可比；对于资金结算流程，通过财务共享服务中心实现资金结算的集中。

(五) 信息系统

信息系统是共享服务实现落地的工具，它包含服务申请、自动化流程引擎、交互中心、自助服务、共享服务水平协议分析、权限管理、业务和系统集成工具、知识管理等功能。共享信息系统主要有重量化共享服务应用架构和轻量化共享服务应用架构两种模式。重量化共享服务应用架构的特征是共享服务系统不但包括共享服务的运营管理功能，还包括业务功能。轻量化共享服务应用架构的特征是共享服务系统仅仅包括共享服务组织自身业务的运营和管理功能，而以服务的方式提供总账、应收、应付、固定资产等功能。两种信息系统架构各有利弊，企业应该根据自身的情况来进行选择。

H集团财务共享服务中心主要采用报账系统、运营系统和影像系统等进行业务处理。共享报账系统提供报账申请、报账处理、预算控制等功能。报账人员通过手工录入或系统导入的方式提交报账申请单，并对报账申请进行业务审批，通过与预算的匹配校验，达到预算控制的目的。共享运营系统提供任务管理、派工管理、账务审批、结算管理等功能，以及质量管理、绩效管理、知识管理等支撑功能。共享报账系统提交的报账申请进入到共享运营系统通过审批后进入到核算系统生成相关凭证并过账，通过结算管理功能进行资金的收支，通过任务管理、派工管理等模块分配给账务处理人。影像系统的引入解决了不同地区的审核问题，所有原始凭证通过影像系统扫描上传，共享平台审核人员通过双屏显示审核报账系统单据与报销凭证的一致性，避免了实物单据的流转。

（六）数据规范

H集团共享服务系统上线之前，各单位提前进行数据梳理、数据核查、数据审核及整改以规范数据。在数据梳理方面，一是需要核算软件升级的各单位按照实施商的相关要求对各项业务数据、财务数据进行整理；二是按照应收、应付、总账、资产等大类的维度收集客户、供应商、资产、员工、银行账号、组织机构等数据。在数据核查方面，根据数据核查手册，分析各基层单位的核算系统使用情况，对纳入共享范围的基层单位开展会计基础数据的核对工作。在数据审核及整改方面，筹备组逐一对数据清理情况进行审核，并由各单位就发现的问题组织整改。对于共享服务系统上线后新增管理的财务标准数据，除了流程、组织外，更加关注数据标准、数据清理规则的编制。梳理、统一数据标准与规范，强化数据标准应用的落地效果，推动业务前端的操作规范性，提升数据源头的质量。

（七）变革管理

实施变革管理是指将企业内部层级、工作流程及企业文化进行必要的调整与改善管理，以达到顺利转型的目的。为了达到这一目标，企业内部需从组织和个人两方面进行变革。对于组织来说，变革管理体现在人们通常理解的组织结构转变、部门间职责分工转变、工作流程转变等方面。在很多项目中，人们往往注重组织方面的变革管理，而忽略企业员工，尤其是利益相关人在观念和行为方面的转变。变革管理不仅是对组织机构，更是对个人外在行为和内心本质的转变管理。财务共享服务中心的变革管理是减震器，在财务共享服务中心的各个阶段，对于利益相关人的转变要在不同阶段有不同层次的侧重，通过行为和观念的不断转变，才能碰撞出火花。这就需要在开展财务共享建设时,推进强化个人行为,固化行为从而形成习惯,最终带来理念的转变。也就是说,变革管理的关键是要做到理念和内心的转变。变革管理的主要内容包括战略变革、组织结构变革、技术变革、流程变革、企业文化变革五个方面。

1. 战略变革

企业战略是关乎企业在一段时期里的发展方向和发展重点的问题,企业变革的核心就是要根据企业所处的环境调整自己的战略,通常具有颠覆性和前瞻性。只有战略得到调整,企业的新目标才得以重新确定,才能聚集企业的核心资源,在企业的组织结构业务流程等方面进行顺利变革。

2. 组织机构变革

大多数的企业组织结构的变化是由企业所处的内外环境变化引起的,这些环境包括行业竞争、原材料价格上升、企业业务的调整、新技术的应用、消费者市场的变化等。原来的矩阵型组织结构在信息沟通和决策权力方面越来越不适应这些环境的变化。在当前环境下,组织结构的柔性和灵活度更重要,企业要及时应对市场上的变化,能够同时处理多种任务。此外,对于信息的传递也有较高的要求,一旦信息传递慢于市场的需求,就有可能失去发展机遇。因此,近些年来逐渐形成了扁平化组织、网络化组织、无边界柔性组织的概念,这些组织对市场的反应更加灵活。组织的变革就是充分利用这些组织的优点,根据自己公司的情况搭建高效的组织结构。

3. 技术变革

企业变革的直接动因大多是由于技术上的落后,因此企业在变革时,通常会研究最新技术的可行性。若在此次变革中因没有采用新技术而导致在接下来的竞争中处于劣势会后悔莫及,但是若不加研究地直接采用新技术,有可能会使产品成本上升,或者会因新技术本身的问题造成企业处于不利地位。因此,技术上的变革主要在于分析技术的成熟度和经济效益，如此企业才能在尽可能利用技术带来高效益的同时避免新技术带来的风险。

4. 流程变革

企业的管理流程是在企业以往制定的企业战略和组织架构下形成的，当其发生变革时，企业的流程自然也面临着变革。流程容易破解，但是不易形成，因此新流程的组织原则至关重要。传统的组织结构以作业为核心，进而分割成各个部门，造成部门之间的沟通成本大大增加。而在信息时代下，只有以流程为核心安排组织架构，流程的高效率才能带来企业的高效率和高服务质量。近些年来对流程变革的呼声越来越高，也在实践层面上证明了流程变革的必要性。

5. 企业文化变革

企业文化变革是企业管理变革的保障，企业进行的一系列变革，所依靠的正是文化的变革。只有打破原来的企业文化，员工的思维得到解放，不再按照以往的习惯来工作，才能保证员工积极地在新的组织里寻找定位，明确自己的职责，才能促使员工较好地理解企业领导者开展变革的意图。此外，在企业变革中，新生事物往往会与以往的观念造成冲突，而文化层面上的变革能够使员工克服心理上的惰性，从而推进其他层面的变革顺利实施。

三、H集团财务共享变革

复杂的内外部环境要求企业构建越来越完备的财务职能体系，这一职能体系对财务管理模式提出了新的挑战。过去分散的、网状的财务管理模式已经不能适应集团公司的快速转型和高质量发展的要求，由此促使财务的模式开始发生变化，逐步形成战略财务、共享财务、业务财务"三位一体"的运行模式。H集团共享财务中心在具体的职能上可以分为以下几个方面：一是财务管控中心，它主要负责全集团的会计处理业务，包括会计核算、资金支付结算、会计报表编制和财务决算等相关工作；二是数据价值中心，它主要负责规范全集团的财务数据标准和模型，统筹效益分析和绩效评价，开展数据价值挖掘，提供多维度的分析与预警，为管理决策提供支持；三是人才培养中心，它主要负责招聘财务人员、培养财务人员、输出财务人员，担负着为企业发展培养优秀财务人才的光荣使命。财务共享服务中心成立之后将会在组织架构、管控模式、业务流程、财务人员结构等方面都发生重大变革，也将为财务人员个人提供更多的机遇。

H集团财务共享服务中心的变革和对策如下。

(1) 组织架构的变革。财务共享服务中心成立之后，总部财务部负责管控型财务工作；企业负责业务财务工作，企业财务不再负责账务核算处理业务，所有的账务核算业务全部纳入共享中心，共享服务中心与企业建立业务合作伙伴关系，通过平等协商签订服务水平协议，明确服务需求，规定双方的权利与义务；共享服务中心依据服务水平协议的规定为企业提供服务，支持企业的运营与管理。总结来说，财务共享服务中心在体制上与区域公司与经营单位是相对独立的。

(2) 管理模式的变革。财务共享服务中心的管理模式按规划设计将采用总分模式，即"总中心+分中心"的设置方式。总中心负责对各分中心进行统一协调和管理，业务范围涵盖流程优化、考核、内部协调等方面。分中心负责各经营单位的具体业务运营，业务与管理隶属于共享服务总中心，分中心要其为所服务的企业进行各种类型的核算服务及财务报表出具等工作。财务共享服务中心会逐渐向独立的公司制发展，将会更好地发挥刚性控制的作用。

(3) 业务流程的变革。集团公司、二级单位(区域公司)、基层单位财务部门保留，主要负责预算管理、风险管理、资金管理、资产管理、资本管理、税务筹划等财务管理工作。各主体权利、责任、利益不变，核算业务集中到财务共享服务中心处理，审批权限、业务审核、资金管理、档案管理等依然归属各主体不变。

(4) 财务人员的变革。财务共享服务中心未来将作为人才培养中心，所有的财务人员将通过财务共享服务中心统一招聘、统一培养、统一输出，新财务人员入职后首先需要到财务共享服务中心进行学习，通过财务共享服务中心专业化的岗位分工和轮岗制度可以更快速、更有效地把财务人员打造成"精、专、博"的业务复合型人才，最后再输送到业务财务、战略财务等相关岗位。

(5) 思想认识的变革。财务共享服务中心人员的发展要实现有价值、有出路、有成长、有传承的目标，这也是实现国际领先、国内一流财务共享服务中心的重要作用，这样就能够吸引人才、凝聚人才。

四、H集团共享中心主要成效

H集团建设的财务共享服务中心实现了"岗位分工专业化、业务标准规范化、财务审核集中化、业务处理批量化"的目标，达到了规范流程和提高效率的目的。上线了系统的单位使用统一的新会计科目体系，加速了标准化进程；对公业务、对私报销业务和部分总账业务等均配置凭证模板，在相关信息核对无误后可自动生成凭证，节省了重复工作的人力成本；实现财企直联，当共享中心人员在运营系统处理完对公、对私付款报账单后，支付信息可推送至财务公司,使资金管理安全、快捷。工作效率明显提升,对私报销业务压缩了 20% 左右的时间,对公业务的整体效率提升 30% 左右。

五、H 集团共享中心未来展望

一是共享中心的定位从传统的财务共享服务中心转变为全球企业服务中心,实现由单一财务功能向多种服务功能的转变,从提供本土服务向提供全球服务的转变,从提供本企业集团服务向同时提供外包服务的转变。二是共享中心的服务对象从目前仅有的部分大型企业向中小微企业拓展,可通过四种方式实现,具体来说,即通过将传统代账公司升级为共享服务型组织为小微企业提供共享服务;现在大型企业成立的财务共享服务中心对外提供外包服务;借助云计算使中小企业通过租用系统建立共享服务;通过云计算技术推动平台建设,为共享服务的发包方和接包方提供交互支持。三是共享中心的服务内容从基础性核算向高级管理咨询服务升级,利用大数据进行管理会计,提供精深决策支持,将共享中心转变为数据管理中心。四是共享中心的服务模式从物理集中处理业务向虚拟职场移动互联网处理业务及信息异地交互转变,从刚性运营向柔性服务转变,从统一业务处理向共享客户参与转变。可以预见,在未来,建设财务共享服务中心是全球企业发展的大趋势。

参 考 文 献

[1] STULZ. Managerial discretion and optimal financing policies[J]. Journal of Financial Economics，1990，26(1)：3-28.

[2] STEIN, J.C. Internal Capital Markets and the Competition for Corporate Resources[J]. Journal of Finance，1997，Vol. 52：111-133.

[3] 王纹，孙健．SAP 财务管理大全 [M]．北京：清华大学出版社，2005.

[4] 任振清．SAP ERP 应用案例详解 [M]．北京：清华大学出版社，2013.

[5] 任振清．SAP 财务管控：财务总监背后的"管理大师"[M]．北京：清华大学出版社，2015.

[6] 任振清．SAP 财务管控 2：财务总监背后的"管理大师"[M]．北京：清华大学出版社，2019.

[7] Jens Krüger. SAP Simple Finance：S/4 HANA 财务解决方案 [M]．王强，等，译．北京：清华大学出版社，2015.

[8] 陈剑．梅震．构建财务共享服务中心 [M]．北京：清华大学出版社，2017.

[9] 曾晓华．mySAP ERP 运营管理 [M]．北京：东方出版社，2005.

[10] 文样，尹凤霞. SAP 从入门到精通 [M]. 北京：人民邮电出版社，2010.

[11] 陈朝庆，兰英. SAP ECC 5.0/6.0 总账系统应用指南 [M]. 北京：人民邮电出版社，2007.

[12] 陈虎，孙彦丛. 财务共享服务 [M]. 北京：中国财政经济出版社，2019.

[13] 董皓. 智能时代财务管理 [M]. 北京：电子工业出版社，2018.

[14] 王兴山. 数字化转型中的财务共享 [M]. 北京：电子工业出版社，2018.

[15] 张庆龙，聂兴凯，潘丽婧. 中国财务共享服务中心典型案例 [M]. 北京：电子工业出版社，2016.

[16] 袁琳. 资金集中控制与结算中心 [M]. 杭州：浙江人民出版社，2001.

[17] 任振清. 财务数字化转型：大型企业财务共享服务中心建设实践 [M]. 北京：清华大学出版社，2020.

后　记

在本书编写的过程中，我在选题开发、全书架构的建立、观点的阐述等各个方面得到了很多的帮助和建议，在此衷心地感谢每一位支持我的朋友。

同时，我也要感谢家人对我的鼎力支持，今后我将继续努力，不辜负他们的期望。

本书到此告一段落，由于受自身水平所限，书中难免存在一定的疏漏，敬请读者朋友批评指正。

任振清

2022.5